Do self e *da ipseidade*

Dados Internacionais de Catalogação na Publicação (CIP)
(Câmara Brasileira do Livro, SP, Brasil)

Ribeiro, Jorge Ponciano
  Do self e da ipseidade: uma proposta conceitual em Gestalt-terapia / Jorge Ponciano Ribeiro. – São Paulo : Summus, 2005.

  Bibliografia.
  ISBN 85-323-0050-2

  1. Gestalt (Psicologia) 2. Gestalt-terapia 3. Psicoterapia 4. Self I. Título.

05-5824   CDD-155.2

Índice para catálogo sistemático:

1. Self e ipseidade: Gestalt-terapia: Psicologia   155.2

Compre em lugar de fotocopiar.
Cada real que você dá por um livro recompensa seus autores
e os convida a produzir mais sobre o tema;
incentiva seus editores a encomendar, traduzir e publicar
outras obras sobre o assunto;
e paga aos livreiros por estocar e levar até você livros
para a sua informação e o seu entretenimento.
Cada real que você dá pela fotocópia não autorizada de um livro
financia o crime
e ajuda a matar a produção intelectual de seu país.

Do self e da ipseidade

Uma proposta conceitual em
Gestalt-terapia

Jorge Ponciano Ribeiro

summus
editorial

DO SELF E DA IPSEIDADE
Uma proposta conceitual em Gestalt-terapia
Copyright© 2005 by Jorge Ponciano Ribeiro
Direitos desta edição reservados por Summus Editorial

Capa: **Ana Lima**
Diagramação e fotolitos: **All Print**

Summus Editorial

Departamento editorial:
Rua Itapicuru, 613 – 7º andar
05006-000 – São Paulo – SP
Fone: (11) 3872-3322
Fax: (11) 3872-7476
http://www.summus.com.br
e-mail: summus@summus.com.br

Atendimento ao consumidor:
Summus Editorial
Fone: (11) 3865-9890

Vendas por atacado:
Fone: (11) 3873-8638
Fax: (11) 3873-7085
e-mail: vendas@summus.com.br

Impresso no Brasil

Este livro é dedicado à especialista Maria Maura Alves, à doutoranda Mônica Botelho Alvim, à dra. Célia Carvalho de Morais, à especialista Nayla Celene Moreira Reis, ao dr. Adriano Furtado Holanda, à mestra Myriam May Philippi, à especialista Maria Verônica Real Martins de Lemos Soares, à dra. Carlene Maria Dias Tenório e à mestra Sheila Maria Antony de Souza Lima, que comigo compõem o atual corpo docente do Instituto de Gestalt-terapia de Brasília (DF) e com quem divido com muito amor e carinho minhas preocupações acadêmicas.

Sumário

Palavras do autor 9

Caburé: percebendo holisticamente um campo estético 16

Para começar 27

Do Self

Introdução 31

Eu e self 43

Estrutura e processo 51

Self, pessoalidade e estrutura 54

Figura–fundo e contato 57

Self em McLeod e estrutura 61

Self, teoria do campo e holismo 68

Self e estrutura, espaço e temporalidade 71

Pessoalidade, ipseidade e self 75

Self e seus subsistemas 77

Self, tempo, espaço e circularidade 83

O ciclo do contato, tempo, espaço e circularidade 88

O ciclo do contato 91

Conclusão 105

Da Ipseidade

Introdução 111

Psicologia da Gestalt e ipseidade 113

Figura–fundo e estrutura 123

Teoria do campo e ipseidade 137

Teoria holística e ipseidade... 165

Fenomenologia e ipseidade 194

Bibliografia.. 205

Palavras do autor

Caros leitores,

Tenho imenso prazer em colocar nas suas mãos mais um texto, cuidadosamente pensado, para dar uma melhor sustentação epistemológica à nossa abordagem gestáltica. Estou convencido de que precisamos descrever aquilo em que acreditamos e mostrar o que fazemos, para que um sólido campo teórico de saberes nos permita criar e avançar com mais segurança e determinação.

Escrever este texto tem a ver com algumas situações, entre elas o fato de que, raramente, lemos um texto em Gestalt-terapia em que não se faça referência ao self[1]:

1. Self, presente em quase todos os escritos, raramente é definido de maneira precisa, clara. Na realidade, parece não existir um campo teórico sobre self em Gestalt-terapia. Existem, sim, muitíssimas citações que têm o self como objeto, mas a maioria delas fala do self de maneira imprecisa, de passagem, dizendo que ele é importante para a noção de campo, que é um conceito holístico, mas com uma fundamentação precária ou apenas de maneira descritiva.

2. O fato de que, segundo Yontef, sendo self um pronome reflexivo, ele vem sendo usado como um substantivo, atribuindo-se a ele, como pronome, o que deveria ser atribuído à "pessoa-como-um-todo".

---

1. Sempre que possível, direi self e não *o* self, pois acredito que o artigo *o* dá a entender que só existe *um* conceito de self, analogicamente entendido e compreendido por todo mundo, quando, na realidade, self é um conceito equívoco para a maioria das teorias. Dizendo, simplesmente, self, entendo que estou deixando clara a complexidade do conceito.

3. Pronome ou nome, considero o conceito self, como definido hoje, incapaz de expressar de modo adequado tudo que se atribui a ele, pois nem como substantivo vem registrado como verbete no *Dicionário de filosofia* de Abbagnano, nem no *Dicionário de psicologia* de Dorsch, nem no *Dicionário técnico de psicologia* de Álvaro Cabral e Eva Nick, o que, com certeza, introduz inquietações epistemológicas quanto ao conceito tanto na área da filosofia e da psicologia quanto da própria Gestalt-terapia.

4. Alguns autores, eu inclusive, têm usado self no centro de seu "ciclo do contato", o que exige clareza para uma melhor aplicabilidade do conceito.

5. Para dar ao self uma base epistemologicamente consistente, fui buscar na psicologia da Gestalt, na teoria do campo e na teoria holística de Smuts essa fundamentação, de tal modo que, sem querer teorizar, tentei, pura e simplesmente, fazer pontes que pudessem descrever consistentemente como utilizar esse conceito em termos fenomenológicos.

6. À medida que fui escrevendo o texto, fui percebendo que o conceito self, do ponto de vista dessas três teorias, responde, mas não de maneira idealmente conceitual, ao que se pretende dele. Self é um conceito mais fenomênico que fenomenológico, mais palavra que um construto que defina sua realidade processual e nos permita vê-lo como uma unidade de sentido.

7. Fui então buscar uma palavra mais nossa, embora estranha aos nossos ouvidos, e encontrei "ipseidade", termo usado por Duns Scot para indicar a singularidade da coisa individual. No meu pensar, ipseidade, como definida por Duns Scot, abrange tudo aquilo que temos atribuído ao self e o transcende, acolhendo, no seu bojo teórico,

o que as teorias de base da Gestalt-terapia esperam que um conceito seja.

8. Ipseidade é "o si-mesmo maior e consciente", é aquilo em que uma pessoa se transformou, tornando-se singularmente individualizada, como resultado de seu processo evolutivo no e pelo mundo. É uma estrutura existencial em contínuo processo de mudança, por meio da qual o sujeito se percebe como uma totalidade em ação.

9. Da mesma forma que não existe um rio sem margem, também não existe processo sem estrutura. O processo está para as águas que correm num contínuo fluxo de mudança, como a estrutura está para as margens que contêm o rio no seu curso. Self não pode ser definido apenas como processo.

10. Self é um sistema de contato, uma *network*, uma rede de comunicação. Uma matriz é o resultado final de uma grande *network*. Ipseidade é uma matriz, uma estrutura de processos. Self está para uma *network* como ipseidade está para uma matriz. Self é como um conjunto de ruas, becos e avenidas, enquanto ipseidade é como o mapa global em movimento, é a cara da cidade viva, funcionando, aqui e agora, e se preparando para evoluir sempre.

11. Da mesma forma que os rios com suas margens (suas fronteiras) e tudo que eles contêm desaparecem no mar (que tem contorno, mas não tem fronteira), assim também self (que não tem nem fronteira nem contorno) desaparece na ipseidade (que não tem fronteira, mas talvez tenha contorno), ou melhor, talvez não desapareça, simplesmente se transforme numa realidade maior, ipseidade, o mar existencial que cobre a maioria de nossos significados.

12. Tudo que existe existe primeiro como estrutura (ontologicamente), só depois é processo (cronologicamente). Assim é self; assim é ipseidade.

13. O espaço está para a estrutura como o tempo está para o processo. A estrutura está para a essência como o processo está para a existência. E, sendo mais radical, self está para a parte como ipseidade está para o todo. Self é um processo, uma caminhada em direção a uma totalidade maior: ipseidade.

14. Self é uma estrutura e, como tudo que é estrutura, muda; segue-se, então, que self é uma estrutura em mudança. Pode-se dizer, portanto, que self é uma estrutura em processo, e só nesse sentido pode-se dizer que é processo. Essa é a infalível lei da impermanência.

15. Além do mais, temos mantido uma série de imprecisões em relação a self e sua ligação com o tempo e o espaço, talvez por conta da não-ligação do tempo ao conceito de processo, bem como da não-ligação do espaço ao conceito de estrutura.

16. Fala-se, por exemplo, de temporalidade do self ou de função temporal do self. A função temporal do self só existe *a posteriori*. *A priori*, o que existe é o espaço. O tempo é função do espaço. O espaço antecede ontologicamente o tempo; portanto, primeiro self é espacial, é ciclo, é circularidade, e só depois é temporal. Assim, primeiro é estrutural, e só depois é processo.

17. Self não pode ser só temporalidade porque o tempo não existe sozinho. E, se se fala de função temporal do self, tem-se de admitir que self tem um tempo, e só uma estrutura tem alguma coisa; processo, ao contrário, é e está – processo não tem nada, acontece.

18. Outra imprecisão que envolve diretamente o conceito self é a afirmação de que o contato se dá na fronteira. De fato, ele não se dá na fronteira, mas no campo total, o qual, por sua vez, é fruto de fronteira e contornos. Na verdade, o contato se intensifica na fronteira, embora ocorra no campo total. Contato, portanto, se dá na fronteira apenas no sentido de que todo campo está entre uma fronteira e outra.

19. Ainda nesse contexto, podemos dizer o mesmo da expressão: "Formação e destruição de figuras". Na verdade, no universo, nada se destrói, tudo se transforma, inclusive, e sobretudo, contato, gestalten e figuras.

20. Como está, self faz parte de algumas teorias, entre elas a psicanálise e a junghiana. Self é um conceito que, de acordo com a posição teórica de um grupo, pode estar bem com qualquer teoria, embora deva se adequar às teorias que lhe dão sustentação.

21. E agora? Self ou ipseidade? Agora? Continue pensando, pesquisando. Há mais de 200 anos, o conceito self anda por aí, desde Kant, e com certeza fez, faz e continuará fazendo sua caminhada. Não se pode, é claro, jogá-lo na lata de lixo, desrespeitando toda sua história teórica e um rastro que pessoas, muitas delas competentes, têm deixado ao andar atrás dele.

22. Ipseidade é uma estrutura, fruto de uma complexa rede de contatos, penúltima estação das séries evolutivas das transformações cósmicas e que expressa a singularidade da coisa individual, considerando o sujeito absolutamente singular. Como estrutura processual ou processo estrutural, é absolutamente relacional, não podendo ser pensada como algo abstrato.

23. Do ponto de vista psicoterapêutico, ipseidade, mais que self, remete cliente e terapeuta ao mundo da saúde, da estética e da espiritualidade, pois ipseidade contém algo mais amplo, mais totalizante; portanto, oferece um lugar teórico no qual cliente e psicoterapeuta se sentem mais a caminho, onde as diferenças encontram maior ressonância conceitual e maiores possibilidades de solução.

24. Self, diferentemente de ipseidade, é um conceito conhecido mais pelo *como* ele funciona do que pelo *o que* ele, de fato, é. Ipseidade, menos conhecida, embora faça parte da reflexão filosófica de alguns raros filósofos, como Heidegger, Paul Ricour, Levinas e talvez outros, traz uma reflexão de sua própria lógica subjetiva e está sendo apresentada, pela primeira vez, penso eu, no Brasil, à nossa comunidade gestáltica. Está claro, também para mim, que ipseidade, mais que self, está sendo constituída e construída por meio do apoio crítico e teórico da psicologia da Gestalt, da teoria do campo, da teoria holística e da fenomenologia, o que distingue essa reflexão da dos filósofos citados. Espero ter fundamentado epistemologicamente ambos os conceitos, passando do *como* para *o que* eles são, na expectativa de estar criando ou recriando um campo teórico no qual nossa linguagem possa ser entendida e comunicada.

25. Minha reflexão epistemológica está agora nas suas mãos. Ao longo do texto, fui mudando a categoria do self, de pronome para nome, de self para ipseidade, pois, mesmo para mim, não é fácil pensar e passar de self para ipseidade, até que chegou um momento no texto em que decidi: de agora em diante, uso apenas ipseidade, e é claro que, dentro de mim, os dois continuam ainda se so-

brepondo, como numa "formação duo: uma sobre a outra". Mas também é claro para mim que ipseidade é o conceito que contém e transcende o conceito self.

26. Minha reflexão teórica caminha na mesma linha do pensamento de Garcia-Roza e Lewin: "A função da descrição fenomenológica não é substituir uma explicação dos processos dinâmico-causais, mas proceder a uma descrição pré-teorética, visando à superação dos preconceitos decorrentes de uma abordagem metafísica dos fenômenos psicológicos" (Garcia-Roza e Lewin, 1974: 49). Não sei se essas justificativas funcionam. Para dizer a verdade, não importa. Aprendi que Gestalt é estar inteiro no desejo, na ação, no colher dos frutos. Se não colher frutos, a árvore dará galhos e sombras, e haverá até lugar para colocar um banquinho, e ali os enamorados de si mesmos, da vida e do mundo, do pensar mais complexo, poderão trocar suas idéias, suas convicções teóricas e, sobretudo, seu amor pela procura.

E vamos lá... boa caminhada.

Jorge Ponciano Ribeiro
Brasília, julho de 2005

Caburé: percebendo holisticamente um campo estético

– Meu Deus, mas isto aqui é um pedaço do paraíso! – exclamam espontaneamente os que chegam, pela primeira vez, ao Caburé.

Aí eu penso: não, não é um pedaço. É o paraíso inteirinho, sem tirar nem pôr.

O encantamento é, com certeza, uma expressão estética: embora todos tenham a capacidade de se encantar, muitos não conseguem ver com os olhos da alma aquilo que os encanta.

E aí eu penso: estamos diante de uma situação figura–fundo, parte–todo. Figura tem a ver com parte, fundo tem a ver com todo; figura–fundo e parte–todo têm a ver com estética. Ver e sentir esteticamente é privilegiar a totalidade, da mesma forma que a indiferença diante do todo é o privilegiar a parte.

Mas também a natureza pinta, borda e brinca em Caburé. Uma faixa de terra entre o oceano e o rio Preguiças, podendo você, nessa faixa, ver tanto o rio quanto o mar e, no meio dessa faixa, algumas poucas e acolhedoras pousadas – e é só. O resto é só beleza, não tem mais nada, só tem beleza e você, você e beleza.

Ali a gente não sabe o que é figura e o que é fundo: é um caos estético de beleza. Você é Caburé, Caburé é você. Uma dança amorosa entre o rio e o mar, entre você, o vento e as areias brancas.

Uma figura–fundo como num caleidoscópio, na qual a cada movimento mil faces da beleza se apresentam para sua contemplação.

Esse cenário começa em Barreirinha, pequena cidade do Maranhão banhada por um rio que se chama, nada mais, nada menos, que rio Preguiças. E é mesmo. Um rio de porte médio para grande, quarenta quilômetros longe da foz, correndo preguiçosamente para o mar. Uns dizem que Preguiças tem esse nome pela sua lentidão; outros dizem que é porque, há algum tempo, existia por ali, nas matas, às suas margens, uma população grande de bicho-preguiça.

E lá vamos nós, num barco a motor com quatro pessoas. O barqueiro, Luiz, e a guia, Giane, uma jornalista que trocou o Rio de Janeiro pela beleza e magia silenciosa do local.

E como é interessante a questão dos espaços... O barco corre, o Preguiças vai ganhando em largura, o barco passa de um lado para outro do rio, à procura de águas mais tranqüilas. Os mangues, com sua biodiversidade infinitamente generosa, dão um *show* à parte, o horizonte se desloca sempre mais para a frente a cada avanço do barco, e toda a natureza se modifica a partir da perspectiva que meus olhos buscam. Nada está no lugar, e tudo está no lugar. É uma mistura estética de contornos, limites e fronteiras que, superpondo-se uma à outra, transformam a paisagem num encantamento só. Tudo ali é uma coisa só: movimento e beleza. Espaço e tempo se confundem e se fundem, criando ciclos de percepção nos quais eu e o mundo observado nos tornamos um só.

O barco faz sua primeira parada em Vassouras: algumas cabanas de palha, água de coco, alguns doces caseiros, cachaça de tapioca e uma festa com macacos, já acostumados aos turistas, que saltam, com absoluta precisão espacial, de galho em galho para ganhar frutas. A paisagem é fantástica: de um lado, às margens do Preguiças, uma mata de galeria, onde os macacos saltam, brincam e brigam pelas frutas, chamando nossa atenção; mais à frente, o deserto mágico dos Pequenos Lençóis, uma área aproximada de quinze mil hectares, com suas inúmeras lagoas de águas cristalinamente azuis.

Subimos a duna à nossa frente. Um deserto de areias brancas, finíssimas, sacudidas pelo vento forte, causando uma sensação de extrema liberdade, paz e povoada solidão. É impressionante sentir que, quando a geografia muda, tudo muda, inclusive a gente. Bem ali, o rio, o mangue, a floresta, e aqui o deserto árido, quente, esvoaçante, e a alma da gente encurralada entre a floresta, o rio e o deserto, a produzir os mais diversos e suaves sentimentos. Estou compreendendo, cada vez mais, que captar a totalidade é captar a beleza das coisas, a essência dividida em infinitas partes, cada uma dando sua festa à parte.

Passamos para o outro lado do Preguiças: povoado chamado Mandacaru, composto por umas 150 casas, que conto do alto do farol e que vive da pesca, do artesanato, de tomar banho no rio, de uma pinga aqui, uma pinga ali, e de uma mesa de sinuca num bar onde a conversa rola fácil e animada. E aí me lembro do famoso princípio de que o comportamento não explica o próprio comportamento. Temos de procurar algo fora de nós para entender o porquê de alguns de nossos comportamentos.

E aí penso que uma pergunta fácil na cabeça do turista que visita Mandacaru poderia ser:

– Como essas pessoas conseguem viver num lugar destes, só areia, pobreza e vida sem fazer nada?!

E a resposta, penso, poderia ser:

– Nós vive aqui é porque aqui nós tem, todos os dias, aquilo que você tem, aqui, apenas por uma meia hora: beleza, leveza, fraternidade, silêncio, harmonia.

E por causa dos meus janeiros, que já são muitos, pesando mais no coração que nas pernas, subo lentamente os oito conjuntos de vinte degraus que me levam ao topo do farol, lá no meio do céu. Uma vista panorâmica de 360 graus. De lá vejo a calota do mundo, estou no topo do mundo. Uma bênção, um privilégio. Percebo uma suave luta entre meus olhos, o mundo e meu coração. Aquela geografia nova mexe com todo meu ser. Meus olhos querem ver, observar, descrever tudo; o mundo, à minha volta, me invade de harmonia, de luzes, de cores, até de sons, de mil verdes de paisagens, e meu coração se recolhe agradecido, num êxtase de adoração, diante da beleza de Deus impressa em cada detalhe que eu posso colher na multidão incontável de tudo que se oferece à minha contemplação.

Aqui de cima, tenho uma compreensão melhor do que é um campo. Lá de baixo, eu vejo uns duzentos, trezentos metros ao meu redor, ou um pouco mais, e mesmo que meus olhos possam ver mais longe estão limitados pelo espaço. Daqui de cima, ao contrário, o campo se modifica, se reconfigura: vejo quilômetros de distância; no entanto, estou no mesmo lugar, apenas há uns setenta metros de altura. É a força das preposições: "Em cima, embaixo, ao derredor, ao redor, longe, perto", as quais, quando em relação ao corpo–pessoa, fazem o milagre de outras mil percepções e sensações. São as variáveis não-psicológicas afetando a totalidade de minhas percepções e, conseqüentemente, toda a minha realidade.

A pousada Porto Buriti é o *point* do Caburé. Harmoniosamente construída, com seus doze chalés, oferece uma imagem agradável no meio daquela beleza toda. Às margens do Preguiças e a poucos metros do mar, os chalés se misturam numa só fotografia de beleza, convite e tranqüilidade.

É dia de lua cheia. As noites de lua cheia no Caburé são famosas.

– Olha lá, lá vem, lá vem ela lentamente.

Um imenso disco de prata num tom ligeiramente avermelhado. Não dá para descrever o turbilhão de emoções ao ver e sentir tanta beleza em forma de luz e sombras. Não sei o que é lua, o que é mar, o que é céu, o que é vento, o que é terra, o que sou eu. Tudo é uma coisa só; não sei o que é de um e o que é de outro. Tudo está ligado a tudo, sem causa, sem efeito; tudo é um só e único espetáculo de beleza. Nada é de um só, tudo é de todos. E lá vai ela subindo majestosa, ganhando altura, enchendo o céu e a terra de luz, de paz, de suavidade, de amor. Uma noite de mil amores entre o céu e a terra, com a lua como a grande dama da noite.

É diante de espetáculos como esse que entendo o que Smuts chamou *holismo*: essa força divina, esse infinito cósmico que prepara, juntando e relacionando partes, uma totalidade de tamanha beleza e de tanto encantamento.

Talvez o que mais fascine em Caburé seja a interdependência de tudo. Ali tem um vento que não pára nunca. Um vento às vezes gostoso, outras forte, sobretudo à noite. Ao barulho do vento se mistura o ruído das ondas do mar quebrando a poucos metros do seu chalé, fazendo uma harmonia de sons, vento e água que não se pode esquecer jamais. Vento e areia, muita ou pouca, não importa, é um charme sentir a massagem de milhares de minúsculos grãos de areia, assoprados pelo vento, acariciando sua pele dourada pelos raios gostosos do sol, nas manhãs de caminhada à beira-mar.

Imagine um oásis, cercado de areias brancas por todos os lados, com uma lua a passear no céu durante uma semana, com um vento que vem do além dos céus dos doze ventos, e você ali, na praia, a ver, sentado em um tosco banco de madeira, com o som das palmeiras a acariciar seus ouvidos e o vento a beijar sua pele, a luz da lua a se refletir no infinito mar. Isso é Caburé. Tudo junto, deliciosamente em harmonia, tudo influenciando tudo e produzindo um só resultado, uma só beleza. Isso é estética, é harmonia em forma de vida, que transforma e cria.

Acredito que o Preguiças, que passa na frente da pousada, deva ter uns mil metros de largura. É simplesmente um espetáculo de beleza ver, ao longo do dia, a conjugação das marés baixa e alta do rio e do mar, separados apenas por uma faixa de terra de alguns poucos metros, talvez trezentos, quatrocentos metros. Chama a atenção a preamar, aquele momento final, tanto da maré alta quanto da maré baixa, em que rio e mar param, descansam durante uma meia hora, para começar de novo o gigantesco movimento das marés. E eu a me perguntar, agora, aqui, vendo aquele espetáculo, o que é parte, o que é todo, o que é figura, o que é fundo, o que é limite, o que é contorno... e o que é fronteira de contato. Sinceramente, não sei responder, porque tudo ali é só contato, e é esse contato que cria aquela beleza sem nome, sem dono.

Nas manhãs, eu caminho uns sete quilômetros até a foz, a barra do Preguiças com o mar. Uma caminhada sem nome: eu, o mar, numa praia absolutamente solitária, de águas suavemente aquecidas pelo sol. Fico olhando o capricho das ondas quebrando aqui e acolá, formando contornos na areia branca, como curvas nuas de um corpo de mulher. No meio do caminho, tem também o tronco de uma árvore, que o mar move, de um dia para outro, de um lugar para outro. Dependendo de como é olhado, parece uma coisa ou outra, mas na verdade ele é sempre o mesmo imenso tronco de uma grande árvore. E eu penso na circularidade das coisas. Aquele tronco deu frutos, abrigou milhares de pássaros, deu uma sombra acolhedora, encantou os olhos de muita gente, e agora está ali, entregue às águas do oceano, cumprindo sua destinação de voltar à mãe-terra, de ser diariamente modificado e retornar, sabe-se lá em que forma, de acordo com a lei cósmica dos ciclos.

E que coisa majestosa é o encontro das águas do rio Preguiças com o mar, que, na foz, talvez tenha uns dois quilômetros de largura.

De fato, olhando as águas, não sei qual é um, qual é outro. É a eterna e cósmica lei da interdependência. Aqui desaparecem outras leis, como figura e fundo, parte e todo, para tudo se tornar figura–fundo, parte–todo, relação, contato, renovação.

Na maré baixa, o Preguiças penetra o mar, mansa e amorosamente; entra sem pedir licença, como num pacto silencioso de dois amantes fazendo amor às escondidas. Então eu penso que talvez ele fique muito triste de perder toda a sua história, todos os seus contos e contatos; perder seu nome, Preguiças, para se transformar em oceano. E o mar, espertinho, fica bem calado; vai deixando o Preguiças se derramar nele silenciosamente.

Mas o assunto é outro quando a maré está na cheia. O encontro do Preguiças com o mar é como o fazer amor de dois amantes ardentes, inebriados pelo vinho da paixão, encontro, que, ao ser olhado de longe, lembra mais uma luta de titãs, com ondas altíssimas, revoltas e revoltadas, parecendo até dois intrusos, que, ao se encontrarem por acaso, não se dão conta do seu antigo fascínio, mas, quando isso acontece, tentam fazer o que podem para não perder sua amorosa identidade. Então eu penso que o Preguiças, num grito de terna e suave racionalização, diz:

– Eh! Na verdade, não perco minha identidade, me transformo em oceano – e se aconchega, cansado da amorosa luta, nos braços fortes de Netuno.

Nas duas vezes em que fui à foz, me banhei, solitário e nu, no encontro das águas. Que sensação mágica, maravilhosa; não dá para explicar. O elemento água é o alimento da fluidez, da leveza, da pureza, da renovação, do contato. Ali, o Preguiças está pleno. Ali, sua existência se confunde com sua essência. Ali, ele é tudo o que ele pode ser. E, quando plenamente pronto, ele penetra o mar, deixa ali sua vida inteira, sabendo que, em algum lugar e de algum modo, ele renascerá e passará pelas mesmas margens.

Sinto uma maravilhosa troca no encontro das águas, como se dois amantes, ao se entregarem um ao outro, se eternizassem no desejo de novas e ternas aventuras.

Volto para a pousada, o sol escaldante do Norte e o vento forte me envolvendo em sua energia e força.

A meio caminho de volta, há uma árvore de porte médio, um arbusto. Ele ou ela é pequena, não é grande nem alta, mas ao observar seu tronco se vê que é uma árvore adulta, uma sobrevivente das infinitas marés baixas e altas e das muitas areias e ventos que a sacodem permanentemente. Ela está quase dentro d'água, mas, de fato, está fora. Imagino que existiam muitas outras árvores à sua volta.

Paro e fico olhando para aquela solitária heroína, aquela árvore que venceu todas as intempéries, e me pego tendo uma sagrada inveja dela. Essa árvore é uma guardiã, uma silenciosa contadora de histórias de tudo que ela viu acontecer entre a beleza do mar e a impetuosidade do vento. Chego até ela, faço uma reverência e peço licença para tocá-la e abraçá-la. Fico ali num abraço de saudação, de agradecimento e de pedido de troca. Peço a ela sua força, sua persistência, sua coragem e vontade de viver, e retribuo com minha admiração, meu amor e meu desejo de que ela continue uma guardiã das marés baixas e altas, dos ventos fortes e das areias finas que tentam encobri-la.

E os dias vão passando... Um dia, estou sentado a uma mesa, no *deck* do rio, bem em frente da pousada. O vento, como sempre, muito forte e agradavelmente gostoso. Eu terminava de escrever este livro que está em suas mãos. Faço isso de vez em quando: vou a um paraíso para escrever. Minha mente voa sobre as águas, meus olhos se perdem na beleza da paisagem, a caneta, quase solta nas minhas mãos, e o vento, que assobia sem eu perceber. Quase um êxtase.

Estou imerso nessa beleza quando um vento diferente abre minha pasta e, em questão de segundos, leva embora minhas folhas. Elas seguem a impetuosidade do vento até pousarem suavemente sobre o lençol cristalino das águas do rio Preguiças. Uma consciência instantânea me perpassa: "Essas folhas não te pertencem. É teu tributo à beleza que contemplas". Eram umas dez folhas do original. De cima do *deck*, vejo minhas folhas, agora folhas do Preguiças, boiando, sendo levadas para o mar. Perplexo, sem saber o que fazer, apenas observava. Mas eis que o Preguiças, na sua generosidade, começa a trazer para perto da margem três folhas. Desço até o rio e, levado mais pela necessidade que pela coragem, nado até as folhas e agradeço o Preguiças pela sua cumplicidade em devolvê-las, vendo meu espanto diante do vento que carregou com ele algo que eu acabara de escrever.

E assim se passaram dez dias. O paraíso está ali. Os quatro elementos são fortíssimos naquele lugar: água, terra, fogo e ar, "água-terra-calor-e-vento", tudo uma só coisa. É a beleza da totalidade, é a harmonia das partes criando um todo humano, pois não é apenas a natureza humana que é humana, toda a natureza é humana, porque a beleza do humano está em mostrar que tudo tem sentido, e um homem não tem mais sentido que um rio e, ao se respeitarem as diferenças, tudo fica igual, e é a esse igual que chamamos *humano*.

Mas Caburé não surgiu em apenas um dia, ou com as construções dos chalés e das pousadas. Tudo está sendo preparado ao longo de milhões, talvez bilhões de anos para meu encontro com ela. Nós, humanos, somos os mais velhos seres, em termos de complexidade, de todo o universo, pois outros seres, de algum modo, encerraram sua evolução em outras séries evolutivas, a fim de dar seqüência à evolução de outros seres.

Assim, essa cara humana de Caburé, ora feminina – suavemente iluminada pela luz da lua, na delicadeza de seus contornos, na ternura de suas noites, no verde de suas margens, na leveza do Preguiças –, ora masculina – na força do vento, no rugir das ondas, na impetuosa mobilidade de suas areias sempre em movimento, no subir poderoso das marés –, começou bilhões de anos antes, e tudo está preparado para nós, para o nosso encantamento, para o nosso encontro, para o nosso êxtase.

26   JORGE PONCIANO RIBEIRO

Tudo isso que Caburé é, tudo isso que eu vivi, e tudo isso que Caburé e eu vivemos juntos, harmoniosamente, em inter e intradependência, tudo isso que agora pertence a nós dois, tudo isso que agora sou eu e é Caburé, *tudo isso é o que estou chamando de *ipseidade*[2], nosso único, individual, singular e comum momento evolutivo.

Chamo essa espiritualidade de Caburé de sua *humana ipseidade*, que a torna única, individual, singular, nada podendo se comparar a *ela* e que é sua cara evolutiva *hoje*.

Essa rede complexa de cósmicos contatos, feita de vento, areia, gente, emoções, sentimentos, esperança, medos, terra, água e fogo, deu a Caburé, ao longo de milhões de anos, uma identidade única, uma cara inconfundível, um jeito de ser e de estar, e é tudo isso que chamo de estrutura processual de Caburé, sua *ipseidade*.

E *amanhã*, quando as areias dos Pequenos Lençóis cobrirem o rio Preguiças, e talvez a própria Caburé – e dizem que isso poderá acontecer nos próximos vinte anos, pois, em alguns lugares, na maré baixa, já se vêem bancos de areia no meio do rio –, ela não será mais a mesma, será diferente, e você verá, eu sei. E quando vier até aqui, depois de todas essas evoluções, *você* dirá:

– Eh! O Jorge tinha razão... Caburé é ainda mais linda do que ele disse.

Caburé (MA), 6 de setembro de 2004.

---

2. O termo "ipseidade", do latim *ipseitas*, foi usado pela primeira vez por Duns Scot (1266-1308), um dos célebres teólogos-filósofos da Idade Média chamado Doctor Subtilis que usava o termo "para indicar a singularidade da coisa individual" (verbete "ipseidade", N. Abbagnano, *Dicionário de filosofia*, Martins Fontes, 2000).

Para começar

Self, como tudo no universo, é estrutura e processo. Como estrutura, permanece sempre ele mesmo; como processo, evolui, cresce, se desenvolve. Self segue as duas leis básicas do universo: como estrutura, é imanente; como processo, é interdependente. Nada no universo é só estrutura ou só processo, porque tudo é essência (estrutura) e existência (processo). Como estrutura e como processo, ao mesmo tempo, self sofre as conseqüências do tempo, do espaço, do movimento, das causas e da perspectiva, princípios básicos que regem transformações e evoluções. Self é uma propriedade da personalidade, é um subsistema num sistema maior, e nele, na linguagem lewiniana, existem três posições: id, ego e personalidade, que poderiam ser anunciadas com mais coerência .como isso, eu e supereu. O "isso" é o antigo, o primitivo, o instintivo, o seu controle. O "eu" é a viabilidade, o agir, o que organiza, ou a organização visível da personalidade. O "supereu" é o cognitivo, o previsto, o pensado, os valores, o que controla, o adulto, o que castiga, satisfaz e pune. Essas três posições são níveis de contato por meio dos quais self se expressa. Esses enunciados são verdadeiros, porém incompletos; por isso estou indo além do self. Estou propondo ipseidade, que, como o self, é estrutura e processo, dependendo do ângulo do qual ambos são observados.

Ipseidade, palavra latina, originária do pronome *ipse*, que significa "singularidade da coisa individual", tem uma tradição filosófica por trás, correspondendo melhor que o self a uma perspectiva filosófica e, conseqüentemente, epistemológica. Como sempre, palavras com o sufixo "dade", como singularidade, personalidade etc., têm, no seu bojo, a abertura para uma reflexão mais profunda e totalizadora. Enquanto self é um "si-mesmo" mais geograficamente relacional, fundamentado no aqui e agora, ipseidade é um "si-mesmo" mais pleno, cosmicamente relacional e baseado no lá, no aqui, apontando teleologicamente para o futuro. É um "si-mesmo" fruto da evolução e em permanente evolução. A ipseidade pode ser mais bem contextualizada por meio das teorias de base da Gestalt-terapia, demonstrando melhor o que Lewin chama de "método de construção" ou "definição genética", permitindo, dessa forma, visualizar melhor o que Cossier chamou de "elementos de construção". Assim, este texto é uma proposta de estudar os dois conceitos e dar a cada um o que, de fato, lhe pertence.

DO SELF

Introdução

O self, esse grande mal-entendido

> *Como resultado (de uma assimilação insuficiente), as conotações da palavra self se tornaram por demais confusas e contaminadas, mesmo quando as funções são claras (como elas são no uso de Perls, Hefferline e Goodman)... Proponho, então, que mantenhamos a perspectiva de que a ação é sempre pela pessoa total, não 'pelo self', e que usemos o termo self como um pronome reflexivo... Processos que eram considerados aspectos do self agora seriam discutidos como funções da pessoa total, que seria pensada como um sistema de interações.*
>
> Gary Yontef (1988)

Ou seja, Yontef, considerado hoje um dos grandes teóricos da Gestalt-terapia, propõe claramente a retirada do self de circulação, porque não vê consistência no seu conteúdo e porque suas conotações se tornaram confusas e contaminadas.

Entretanto, na verdade, estou propondo o contrário de Gary Yontef. Estou propondo que self continue sendo uma entidade, uma função real da personalidade, mas com bases teoricamente sustentáveis, não como vem sendo usado, como diz Yontef, "de maneira confusa e contaminada", portanto, sem sustentabilidade epistemológica, embora, num segundo momento, eu mesmo proponha passar de self para ipseidade.

Embora Perls, Goodman e Hefferline afirmem que não consideravam self uma entidade, algo substancial, uma realidade empírica, mas apenas um processo ou uma função contactual, eles sempre se referiram a self como algo estrutural, algo que faz, acontece e tem vida própria.

De fato, e é isso que começamos a discutir aqui, self é uma função, uma entidade estrutural, com processos próprios, como, por exemplo, a memória ou a inteligência, diferenciando-se delas pelo modo energético como funciona, pois, diferentemente da memória, que é um órgão do corpo, self é um órgão da mente.

Há uma necessidade de sair de um self pronome reflexivo para um nome ou substantivo, que, nessa função gramatical, possa ser sujeito de uma sentença e, como tal, possa ser visualizado na sua função gramatical.

Na realidade, self é um nome, um substantivo na língua inglesa, mas mesmo em inglês não consegue ter sua identidade individualizada, sendo sempre definido, nos dicionários, como algo que tem um gênero e uma diferença específica. Isso significa, do ponto de vista da sua essência, que self não contém uma conceituação clara, totalizadora, que lhe permita representar a "pessoa-como-um-todo", embora possa ser definido por meio de um gênero e uma diferença específica.

Estou propondo, ao contrário de Yontef, ir além do self pronome, ou seja, chegar ao substantivo self, para, em seguida, chegar à *ipseidade* (ipseidade, do latim *ipse*, equivalente de self, ambos, *self* e *ipse*, pronomes reflexivos, que significam "o si-mesmo"). Ipseidade é um substantivo, palavra consagrada pelo *Dicionário de filosofia* de Abbagnano, que tanto pode ocupar a função de sujeito

DO SELF E DA IPSEIDADE 33

como de objeto direto, ou seja, ter uma totalidade fenomênica capaz de ser descrita, visualizada, sentida.

Ao propor a mudança de self para ipseidade, estou consciente de algumas coisas, sobretudo: que ipseidade é um nome estranho, talvez mais para diferente; como uma palavra latina, está melhor que self; o termo se aproxima mais da compreensão de um conteúdo filosófico que lingüístico; não importa se o termo veio para ficar, importa que ele seja justificado epistemologicamente e justifique epistemologicamente o que, ao longo dos anos, desde Kant, se intentou chamar de self, a partir de certa noção de funcionalidade.

A palavra poderia ser também *selfidade*, de *self*, o equivalente de *ipse*, mas preferi ipseidade por ser uma palavra latina, próxima do português, além de já ser consagrada em nossa língua.

O chamado self se transformou num bicho-de-sete-cabeças, tornando-se um dos conceitos mais falados na atualidade, sobretudo no mundo da abordagem gestáltica.

Está acontecendo com self o mesmo que aconteceu com o conceito Deus nas décadas de 1960 e 1970: falou-se de Deus de todos os modos, de todos os lados, a ponto de, para culminar a falação, falar-se da teologia da morte de Deus. Falava-se tanto d'Ele que, ao final, não se sabia mais o que ou quem Ele era – ou até se era.

Quando, preparando-se para retornar ao Egito e resgatar o povo de Deus, Moisés, diante da sarça ardente, pergunta à voz que ele escutava e que saía da sarça:

– Quem és, para que eu diga ao Faraó quem foi que me mandou?

Deus respondeu:

– Eu sou aquele que É; aquele que É te manda ao Egito.

Ele não disse: eu sou o todo-poderoso, o todo santo etc., mas simplesmente: "Eu sou aquele que É", pois, quanto mais se define um ser, mais ele se descaracteriza.

Self está hoje como o conceito Deus estava ontem: ninguém sabia o que ele era, e quando as pessoas, não conseguindo definir a essência de um objeto para falar dele, usam mil analogias, deixam claro que esse objeto não existe ou que sua essência não foi bem captada.

Apesar de estar propondo ipseidade como uma nova nomenclatura ao longo do conceito self, vou, por uma questão didática, continuar falando de self, até que possamos fazer a passagem, o mais natural possível, de uma para outra posição teórica.

A grande questão que colocamos inicialmente é muito simples: tudo que existe existe por intermédio de uma essência. A essência de um ser é algo muito simples: é ou não é.

A abordagem gestáltica, dada sua amplidão no que diz respeito a seus conceitos, pode tornar-se um campo aberto para iniciativas que, mais que definir, descaracterizam seu campo teórico. E, dentro desse contexto, o conceito self, pela sua imprecisão, se tornou um campo no qual as pessoas definem sua estrutura sem preocupações epistemológicas, sem conotar seus limites.

Estou propondo uma refocalização do self, assim como ele está, para que ele possa se sustentar epistemologicamente perante a abordagem gestáltica, considerando-se que self tem sido um dos pontos mais discutidos na atualidade, exatamente porque não tem sido definido adequadamente.

As discussões se resumem, basicamente, a duas concepções de self: aqueles que afirmam que self é processual, ou seja, entre outras afirmações, que ele existe proporcionalmente ao nível de necessidade do momento; e aqueles que afirmam que self é estrutural, que ele existe em si, independentemente das circunstâncias nas quais ele terá de atuar ou aparecer.

Percebo, imediatamente, que a *primeira posição* está processando self no sentido de *como* ele funciona, ou seja, é sua existência que está em questão. Ocorre, aqui, a primeira questão epistemológica: fala-se de *como* o self funciona, embora não esteja claro o que ele é. Parece até que, nessa visão processual, ele não existe, simplesmente acontece, quando acontece. Isto é, trata-se de um "ser", de uma "coisa" sem essência, que não *é* em si mesmo, tendo apenas uma natureza processual. Parece, num primeiro momento, difícil justificar um ser que seja só processo, o que, novamente, parece ser uma contradição, dificultando pensar essa realidade do ponto de vista filosófico e, conseqüentemente, do ponto de vista epistemológico. Esse self processual parece, num primeiro momento, ser estranho ao próprio sujeito, algo estranhamente isolado do sujeito e, ao mesmo tempo, encapsulado nele.

A *segunda posição*, também em rápida exposição, afirma que self existe em si, ele é uma "coisa", pode ser pensado, imaginado, sofrer analogias. É uma estrutura em constante mudança, uma estrutura que independe da vontade exclusiva do sujeito, que existe nele em permanente e dinâmica relação com o mundo. Ele é, nessa perspectiva, relativamente estrutural.

Self, como hoje é descrito pelos vários autores, não é algo achado casualmente, que apareceu, de repente, no contexto teórico humano. Mesmo como está, ele é fruto de uma longa e complexa trajetória, por meio da qual foi acumulando tudo aquilo que o preparava para ser o "em-si-mesmo-humano", embora, dada a multiplicidade de suas definições, não consiga ser pleno, cheio no seu conceito.

Ele não é a pessoa, é quase, pois é pobre pensar "self-contato-humano" sem pensar "self-contato-no-mundo". O self é relacional no sentido de que, existindo na pessoa, e a pessoa existindo no mundo e para o mundo, tudo nela deve ser relacional, não podendo ser pensado fora de uma relação mundana.

Self, na visão do livro de Perls, Goodman e Hefferline, *Gestalt-terapia*, acompanhado por Miller no seu prefácio e largamente defendido por McLeod em seu artigo "O self na teoria da Gestalt-terapia", no meu modo de ver, existe apenas teoricamente, dado que, se não existe estrutura sem processo, muito menos poderá existir um processo sem estrutura, como parece ser a posição defendida por eles.

> Meu argumento, então, é de que somos o contato que fazemos. Nós existimos, psicologicamente falando, quando fazemos contato com o mundo. Como o self é a palavra usada para transmitir a idéia de nossa existência psicológica, segue-se que self precisa ser definido como contato (McLeod, 1993: 1).

Esse raciocínio de McLeod assemelha-se a um "silogismo" que não procede da premissa maior para a conclusão: é verdade que somos o contato que fazemos, é também verdade que estamos existindo, quando fazemos contato com o mundo, mas não é verdade que *self*, uma vez que é uma palavra usada para transmitir a idéia de nossa existência, precisa ser definido como contato. Isso é um sofisma, porque o raciocínio feito não pode ser concluído das premissas como elas estão postas.

Toda a discussão de McLeod e do *Gestalt-terapia* está baseada na convergência de self igual contato e contato igual self.

Infelizmente, penso que essa matemática dedutiva não pode ser feita. Esse raciocínio não é verdadeiro, porque, se self e contato são termos que comportam alguma analogia, isto é, algo que defino como self está no conceito contato e vice-versa, não se pode concluir daí que são conceitos idênticos, que um substitui o outro, ou até que um está em tão íntima dependência do outro que, se um não existe, o outro também não existe.

Self é contato, mas não pode, ontologicamente, ser identificado como tal. Assim como também não se pode definir Gestalt como, simplesmente, terapia do contato. Contato envolve noções claras, como figura–fundo, aqui e agora, limite, fronteira. Portanto, é necessário definir fenomenológica e epistemologicamente contato, para ver se a sua conceituação é idêntica à conceituação de Gestalt. Podemos até *afirmar* que self é contato e que Gestalt é contato, mas, na verdade, ambos são muito mais que isso.

É por essa razão que a Gestalt-terapia poderia até ser definida como uma terapia do contato, mas não como uma terapia do self.

Se se retirar o conceito contato da teoria da Gestalt-terapia, fica difícil entender seu aspecto relacional, que é de sua natureza, mas, se se retirar o conceito self da teoria da Gestalt-terapia, esta continuará absolutamente compreensível. Self não pode ser e não é sinônimo de contato. O conceito self não faz parte da essência da Gestalt-terapia, embora seja um dos concei-

tos que, se construído adequadamente, soma, contribui para seu campo teórico.

Continuamos tendo o hábito de fazer afirmações com sérias implicações epistemológicas, como: self é um conceito holístico; self se enquadra na visão de campo; o campo é fundamental para a compreensão da Gestalt... mas não embasamos essas afirmações.

Um dos problemas do conceito self é que ele não tem uma tradução em português. É também um pronome oblíquo da língua inglesa que passou a ser usado sistematicamente como substantivo. Não pertence à tradição gestáltica européia, mas à tradição teórica norte-americana. Não temos um jeito unívoco de traduzir o "pronome-oblíquo-substantivado-self", portanto, quanto mais o explicamos, mais distantes ficamos de saber o que ele, de fato, *é*.

Arrisco-me, assim, em falar numa quase desconstrução do self, nos moldes como ele vem sendo apresentado. Desconstruir não é destruir. Desconstruir é descascar, jogar fora o que não presta e ficar com o miolo. O mesmo discurso pode ser feito, por exemplo, com a questão do sujeito e da subjetividade, que, por percorrerem tantos caminhos e, às vezes, caminhos opostos, muito dificilmente desembocam numa noção compreensiva da totalidade do que esses conceitos ricos e complexos significam.

Self, sujeito e subjetividade são gestalten teóricas inacabadas, nasceram inacabadas, por serem difíceis de ser operacionalizadas. São construtos relacionais que se fazem e refazem ao longo do caminho; não nasceram, porém, do nada, mas, como tudo, primeiro precisam ser, depois existir e criar sentido, para então poder andar.

São gestalten inacabadas porque nasceram, penso, mais de uma preocupação pessoal de poder que de um enquadre teórico. A abordagem gestáltica, longe de ser um campo teórico aberto, tem uma sólida fundamentação de base, faltando aos seus teóricos, muitas vezes, a impostação teórica do conceito com a prática.

Ao longo do texto, farei algumas reflexões semelhantes, na tentativa de purificar o conceito self daquilo que ele não consegue, de fato, expressar.

Self, como eu disse, é também um pronome reflexivo do pronome reto "Eu" e, por conseguinte, ele não é idêntico ao Eu, ele não equivale ao Eu. O pronome "Eu" é mais amplo, mais externo que self. Quando digo: "Eu amo, eu sinto", todo o meu ser está nessa ação, contida no "Eu", ainda que amar ou sentir não signifiquem uma totalidade, a inteireza do meu ser. Quando digo: "Eu sou", estou colocando todo o meu ser no Eu, o que equivale a dizer "Eu existo". Nesse caso, o Eu contém tudo que está em mim. Dizendo "Eu amo", todo o meu ser, naquele momento, está incluído no Eu, não importando se, ao mesmo tempo, Eu também compro, Eu falo, Eu ando, pois é impossível que algum verbo exprima a totalidade de possibilidades que um ser possui.

Dizer "Eu *me* amo" (*I love myself*) é completamente diferente de dizer "Eu amo o mundo". Em "Eu *me* amo", estou usando o pronome reflexivo *me* (self). Trata-se de uma ação reflexa ou reflexiva; minha ação se volta para mim mesmo. Eu me excluo do mundo, embora esteja nele. Quando digo: "Eu amo as rosas", estou, ao mesmo tempo, *em* relação com o mundo e no mundo, evidentemente.

Quando digo: "Eu *me* amo" (*I love myself*), esse *me* (self) está encapsulado, contido no Eu. Eu me olho e me percebo amando a mim mesmo. Existencialmente, o mundo não participa desse momento.

Não se pode, no entanto, pensar Eu sem self, nem self sem Eu. Eles estão interconectados, essencial e existencialmente, embora dizer self não signifique dizer Eu total, ainda que o contrário seja verdadeiro: dizer Eu é dizer self também, apesar de eles não serem equivalentes. Mais tarde, falaremos do eu como função do self, um "eu" menor e menos que self. Nesse contexto, aqui, quando digo Eu e self, não estou pensando no ciclo do contato nem em níveis de contato do self.

O "Eu", portanto, nesse contexto gramatical, é mais amplo, mais abrangente que self, pois, quando digo: "Eu amo o mundo", self está incluído. Como não posso pensar Eu fora do mundo, o Eu implica necessariamente o Tu, isto é, o mundo. Não obstante, nada é totalmente coincidente. Só por abstração posso pensar em mim fora do mundo, mas meu Eu é mais coincidente com o mundo que meu self. Não posso me abstrair do mundo, mas posso me abstrair do meu self, do meu "si-mesmo", em termos relacionais.

Quando digo: "Eu amo o mundo", meu self está incluído, no sentido de que self é o modo como Eu amo o mundo. Ele não é o *que* o Eu ama, mas o modo *como* o Eu ama. Self representa tudo, emoções e sentimentos que se incluem nesse "Eu amo o mundo". Meu Eu é capaz de amar mil coisas ao mesmo tempo, mas meu self não é capaz de experienciar mil "coisas" ao mesmo tempo. Self está implicado na minha existência por meio do *como* das coisas, enquanto Eu está implicado na essência por meio do *que* as coisas são para mim. Nesses casos, o Eu é uma totalidade; self é uma parte existencial do Eu total.

Essas reflexões nos remetem aos conceitos de figura (como) e de fundo (que) e, ao mesmo tempo, ao conceito de contato. Estamos sempre diante da necessidade de fazer pontes entre nossos processos mentais e os conceitos que nos situam epistemologicamente. O fundo é o "que" aguarda o momento para aparecer, mas para aparecer depende de "como" as necessidades se organizarão, provocando o surgimento da figura. De maneira simples, a figura é o "como" o fundo se revela.

Contato também é feito de que *e de* como. *Figura e fundo são feitos de "que" e de "como". O contato é alimentado pela eterna e simultânea sucessão de figura e fundo. É nessa passagem de figura para fundo e de fundo para figura que o contato acontece. É isso que chamamos de fronteiras do contato, isto é, quando se passa, no campo, da figura ao fundo e do fundo à figura. Contato é exatamente o movimento criativo, transformador, que preside a passagem, no campo, de uma figura ao fundo e vice-versa. Não ocorre nem na figura, nem no fundo, ocorre entre os dois, isto é, quando ocorre um processo dinâmico de movimento que, quase sempre, significa um momento de mudança. Contato é sempre um processo relacional, não podendo ser pensado isoladamente; é sempre uma relação entre figura e fundo que ocorre num campo total.*

Estamos habituados a dizer sempre figura e fundo, quando deveríamos dizer figura–fundo, porque, às vezes, não se trata de dois processos, mas de um único processo, visto a partir de dois momentos. Figura e fundo expressam uma relação subjetiva; é o sujeito que separa, dizendo: "Isso é fundo, isso é figura". Na realidade, é a perspectiva do observador que cria tal dicotomia. Se olharmos a relação figura e fundo e figura–fundo pelo ângulo da teoria do campo, podemos afirmar que figura e fundo têm a ver com fronteira, com espaços geográficos, e figura–fundo tem a ver com contornos que expressam mais processos que situações definidas. A "coisa-em-si", simplesmente, se oferece para ser discriminada pelo observador. Unir, por exemplo, o conceito contato à "figura e fundo" ou à "figura–fundo" tem implicações tanto fenomenológicas quanto epistemológicas, que analisaremos mais adiante.

Assim, Eu, self, figura–fundo são conceitos relacionais que formam um bloco paradigmático a partir do qual a Gestalt-terapia se faz compreensível.

Contato é o produto final da relação figura–fundo, experienciada por meio do self como expressão interna do Eu total, não se podendo pensar um sem o outro, embora um não seja o outro. Eu, self, contato, figura–fundo e fronteira são construtos que, do ponto de vista teórico, podem ser pensados isoladamente, mas não podem ser definidos dessa maneira, pois só têm sentido na sua relação inter e intradinâmica, de um com o outro.

Eu e self

"Eu", maiúsculo, é mais abrangente que self. Quando digo Eu, digo self, quando digo self, não digo Eu total, quase idêntico ao conceito personalidade, nem estou dizendo "eu", expressão de um nível de contato do self, no modelo do ciclo.

Quando digo Eu, digo self, porque, estando no mundo, sou um ser de relação e em relação. Eu estou no mundo de algum modo, e esse "de algum modo" é o self, que emana e brota do Eu, não podendo ser pensado sozinho, como algo abstrato, como tendo poder por si só. Self é a luz que o Eu reflete. Self *é* com o Eu sempre. É um subsistema de um sistema mais complexo que é o Eu. Como não posso me abstrair do meu Eu, não posso me abstrair do meu "si-mesmo", do meu self, que existe, porém, sempre como um subsistema, tendo vida própria, apenas, como subsistema do Eu. Embora seja uma entidade permanente e com certo grau de congruência interna, self não goza de autonomia total. O coração, por exemplo, tem vida e funções próprias, ele goza de congruência interna, não é coração só de vez em quando, ele não funciona só quando o corpo precisa dele, ele pulsa sempre e sempre, como um subsistema dependente do sistema maior chamado corpo que, por sua vez, é um subsistema de um sistema maior chamado pessoa, no mundo.

É nessa gradação de inter e intradependência que também penso o holismo como uma teoria básica da Gestalt-terapia, por meio da qual percebo claramente que Eu e self, figura–fundo na relação um com o outro, são modos de contato no universo.

Universo e cosmo são aparentemente estáveis, mas nada é mais instável que o universo, pois ele vive um eterno equilíbrio instável e essa é a sua força evolutiva, é por meio dessa instabilidade estável que tudo nele está em contato, por meio de um perene e eterno movimento de passar da figura ao fundo pela explicitação de suas necessidades cósmicas, eternamente se atualizando por meio do processo evolutivo.

Penetrando no mistério do cosmo, entendemos que, da mesma forma que o ser humano é feito de Eu e self, também o universo vive esse eterno enamoramento entre seu Eu (a ordem do universo em evolução) e seu self, o *como* ele se revela para nós, evidentemente com uma complexidade infinita, da qual a relação "eu–self–homem" é apenas uma pálida imagem.

Quando digo self, não estou dizendo Eu total no mundo. Com ou sem self, estou no mundo, sou do mundo e para o mundo. Não posso pensar em mim fora, não em relação com o mundo. Sou essencialmente relacional e minha natureza flui e conflui em relação sempre. Quando, porém digo "Eu *me* amo", Eu, de algum modo, estou olhando a mim mesmo no espelho, estou convergindo para mim mesmo, estou quase coincidindo comigo mesmo, não coincidindo, de fato, porque, caso contrário, não poderia me ver, devendo ser diferente de mim mesmo para que eu possa me ver. Esse que percebo no meu espelho existencial é meu self, meu reflexo, meu "si-mesmo", único e inconfundível.

Quando fico atento à minha respiração, vejo, observo, sinto meu coração e meu pulmão; quando olho atentamente para como Eu amo, vejo e sinto, vejo também meu self, minha "auto-imagem-reflexa".

Posso passar dias sem pensar no meu coração e no meu pulmão, mas nem por isso eles deixam de existir ou passam a trabalhar mais ou menos. Eles estão sempre em funcionamento. Do mesmo modo, vivo sem saber que existe em mim algo chamado self, e, embora 99% da população mundial não saiba que self existe, ele existe, assim como eu, só que em silenciosa, eterna e dinâmica dependência do meu Eu.

Se digo que self é meu "reflexivo", não meu "substantivo", estou dizendo também que, da mesma forma que o meu coração, ele está num processo eterno. Ele é tão vivo quanto meu Eu, quanto meu coração. Self é e está em processo sempre, e como ele é relacional esse ser e esse estar também são relacionais.

Uma coisa, no entanto, é dizer que self e Eu estão sempre em processo de mudança, pois essa é a ordem do universo; outra coisa é dizer que self não tem existência própria, espicha e encolhe, vai e vem, ou ainda, que onde existe muito contato, muito self, pouco contato, pouco self. Isso é a mais clara definição da incompetência do self para ser e estar, para se deixar definir. Tudo que está no organismo está permanentemente em ação. O coração existe sempre. Ele não diminui nunca. Ele é sempre ele em eterna auto-regulação com o corpo no mundo. Como o coração, self é um órgão mental no meu corpo biológico.

Self, na verdade, não desaparece, não some, não diminui nunca, é sempre ele, como o Eu, em eterna regulação com o universo. Essa visão holística do universo não supõe um universo estático. O *holos*, que é a força sintética do universo, trabalha sempre com e entre infinitas partes, criando totalidades transformadoras. O universo é, ao mesmo tempo, parte e todo, parte–todo, em inter, intra e trans-relação, e self e Eu não poderiam seguir outra ordem.

O Eu–todo e o self–parte, em infinita e harmoniosa relação, cumprem sua tarefa evolutiva à procura de uma individualização, de uma individuação e de uma singularidade que culminam na personalidade de cada um.

A discussão de self como processo e de self como estrutura é algo que poderia se tornar inútil, dado que tudo no universo é estrutural e relacional. Caso se negue essa relação, o universo desaparece. Ele é composto de partes e de todos, em eterna e interdependente relação.

Temos de deixar uma discussão política de poder, de quem sabe mais, de definir se self é um pronome reflexivo ou um substantivo, para simples e fenomenologicamente dizer que self existe, pois esse conceito oferece vantagens. No entanto, ele tem de ser definido do ponto de vista da sua essência, porque, só após defini-lo como uma essência, é possível pensar nos seus modos de existência.

A questão então fica: de que maneira definir como self funciona na sua relação com o Eu no mundo?

Essa discussão se tornará inexaurível se não definirmos de que lugar estamos falando de estrutura e de processo, porque estrutura e processo são componentes essenciais do conceito de paradigma. Podemos, com certeza, afirmar que contato é o paradigma da Gestalt-terapia, pois Gestalt é contato, mas não podemos dizer que self é o paradigma da abordagem gestáltica.

Contato é um substantivo, pode ser visto, descrito, sentido. Não importa se self é um pronome reflexivo oblíquo, se não tem identidade própria como o contato e, portanto, não pode ser visto e sentido. Self não existe sozinho, existe no Eu, como uma forma de contato; conseqüentemente, não pode, dada sua própria natureza de existir em outro, formar uma teoria por si mesmo. O contato pode.

Um adjetivo, um pronome, uma preposição não podem ser visualizados, porque existem para qualificar um substantivo (adjetivo), para substituir um nome (pronome) ou para especificar, como complemento, um substantivo (preposição). Mas todos podem se tornar um nome, um substantivo, tipo *nice-ness*, *self-selfhood*, *between-betweness*, "belo-beleza", o "si-mesmo-ipseidade", entre outras possibilidades.

Quando um adjetivo, um pronome ou uma preposição são substantivados, ganham identidade, tornam-se uma coisa, deixam de ser "um como" para ser "um que". Saem de algo como imaginação para serem vistos como realidade, deixam de ser processo para ser estrutura, ou passam a ser, ao mesmo tempo, processo e estrutura, dependendo de que ângulo sejam vistos.

Considerando que tudo na natureza é, ao mesmo tempo, estrutura e processo, porque tudo que é estrutura existe como processo, resta-nos distinguir, cada vez mais, estes momentos: essência e existência, estrutura e processo, fundo–figura, sem jamais perder a dimensão de que tais construtos são os constitutivos da totalidade, e de que todos trabalham em inter, intra e, muitas vezes, em transrelacionalidade, porque é a relacionalidade entre os seres que permite à pessoa humana e ao universo evoluir e manter a vida.

Dicotomizar, encapsular, significa destruir a unidade de sentido, por isso Gestalt e holismo se confundem como expressão de um processo de contato que resulta num aperfeiçoamento do ser como indivíduo e singularidade.

Gestalt ou abordagem gestáltica é essencialmente holística. Holismo é o pano de fundo que informa todo o processo de contato da abordagem gestáltica. Mais que dizer que Gestalt é contato, é dizer que Gestalt é holismo, pois contato é um dos instrumentos do holismo como força sintética e transformadora no universo. Holismo é essencialmente relação criativa. Quando cliente e terapeuta se encontram e olham simpática e empaticamente, se incluem dinamicamente e, sobretudo, confirmam um ao outro. Ambos estão, apenas, se expressando por meio dessa força do universo – *holos* –, que tudo une para transformar.

Lee McLeod (1993), em um excelente artigo, faz uma longa discussão sobre a natureza do self, defendendo, com unhas e dentes, a idéia de self como contato, como um processo que resulta do contato que a pessoa faz com o mundo, aqui e agora.

Do meu ponto de vista, entretanto, McLeod parte para afirmações claras e contundentes sem ter, *a priori*, definido o que é contato ou o que é processo.

Vejamos um conjunto de afirmações:

O conceito é, em sua forma mais simples, que self é contato.

[...] diz que o self faz contato com o ambiente (McLeod, 1993: 2).

Onde há contato há self, e onde não há contato, não há self (ibidem).

Ou mais comumente, onde há pouco contato, há pouco self (ibidem).

[...] Onde há contato pleno, há self pleno (ibidem).

Diz que o self equivale ao contato (Perls et al., 1951: 227).

A Gestalt afirma, ao contrário, que os seres humanos, a cada momento, estão engajados na criação e destruição do self (McLeod, 1993: 2).

Uma atenção mais pontual a essas afirmações nos leva à conclusão de que a própria noção de contato e de self deixam muito a desejar. Vejamos:

"Self *é* contato", "self faz contato com o ambiente", "self equivale a contato", "onde há contato, há self", "onde não há contato, não há self", "onde há pouco contato, há pouco self", "onde há contato pleno, há self pleno", e por fim "...os seres humanos estão engajados na criação e destruição do self" e, conseqüentemente, na destruição do contato, dado que, na visão de McLeod, self é contato e contato é self.

Fica difícil entender o que self é: self é contato, self faz contato, self equivale a contato e, por fim, se self é contato e contato é self, como ficaria a última afirmação se trocássemos self por contato, isto é, "que os seres humanos estão engajados na criação e destruição do contato"?

Se olharmos com radicalidade os conceitos de criação e destruição, fica difícil entender a que engajamento se refere o autor.

Com todos esses matizes, é perfeitamente compreensível que o autor diga que, se o self pode ser criado e destruído, isso significa "[...]que ele não é uma coisa... não é qualquer tipo de objeto, e que, como objeto ou coisa, ele é uma ilusão" (McLeod, 1993: 3).

Na verdade, tentando escapar dessas indefinições conceituais, e resgatar o conceito self de seu anonimato para uma concretitude lógica de linguagem e de essência, ou até mesmo conferindo ao self uma visibilidade, posso afirmar que self tem certa materialidade no sentido amplo de matéria como efetividade. Essa efetividade implica a mudança da potência ao ato, processo intrínseco à matéria, enquanto, por um movimento teleológico, a matéria está em constante crescimento e evolução. Matéria aqui não é sinônimo de coisa bruta, morta ou inerte, mas algo real e permanentemente em processo de mudança, como acontece com self.

Podemos ligar self à estrutura, efetividade a processo, porque é assim que a matéria funciona, ainda hoje, evoluindo para níveis mais sutis de energia, como também acontece com self.

Self é como um rio indo para o mar: não retorna nunca e vai recebendo afluentes, mas sem jamais perder sua identidade estrutural, seu nome. Nunca diminui, nunca volta atrás, caminha sempre, aumenta sempre, até se transformar em mar, um lugar existencial em evolução.

Estrutura e processo

Tudo no universo é ontológica e materialmente estruturado. O universo é estrutural e sistêmico. Estrutura e processo andam juntos, como liberdade e destino, figura–fundo, parte–todo. Não se pode pensar um sem o outro. Separar estrutura e processo é como separar espaço–tempo, figura–fundo. Nada no universo é ontologicamente estático, caso contrário, ele não existiria. O movimento é a essência do universo, por isso nada, absolutamente nada, é estático. O universo vive uma eterna continuidade, embora ao contemplá-lo, ou às suas partes – como, por exemplo, uma barra de ferro –, tenha-se a impressão de uma estaticidade absoluta. Tudo que existe agora está em movimento, está em processo de evolução; tudo no universo está atomicamente em movimento.

A estrutura é aquilo que aparece como uma figura, e o processo é o fundo, é o mistério que se esconde por trás de tudo que vemos e observamos. Não se pode, portanto, pensar estrutura separada do processo que a constitui, que a mantém e a predispõe a seu ciclo evolutivo infindável. Ele é a alma da estrutura, é sua organização contínua à procura de sua auto-eco-atualização. Estrutura e processo são expressões relacionais da ordem do universo.

Pensar estrutura como oposto a processo é perder a dimensão holística do universo, pela qual tudo depende de tudo, influencia tudo, numa eterna e perene intra e inter-relação de partes à procura de sua totalização.

O alfabeto, por exemplo, é uma estrutura que, com apenas 24 letras, colocadas estruturalmente em determinadas posições, forma o processo da leitura, da escrita, da linguagem, podendo encher o mundo de livros.

A tabela periódica consta de 118 elementos e cada elemento tem sua estrutura, que não pode ser pensada isoladamente. Só são 118 e se diferenciam, absolutamente, um do outro, e é essa diferença que cria o processo de mudança, que cria todos os corpos do universo.

A pergunta é: como é possível existirem milhões de substâncias diferentes se elas são todas feitas com apenas 118 tipos de elementos? A mistura das diferenças cria a totalidade do universo. Uma estrutura só se contém dentro de outra estrutura por causa do movimento que a impele a formar "todos". Movimento é processo, processo é movimento. Não se pode mais falar em processo como oposto à estrutura, sob pena de não se entender a harmonia estrutural processual do universo.

Nosso DNA é formado de oxigênio (um gás altamente letal), hidrogênio, carbono e potássio, assim, como é possível que não existam, no universo, dois seres humanos idênticos? No entanto, todos são estruturalmente humanos. Até os clones, que são geneticamente idênticos, são processualmente diferentes, porque o processo vivido pela estrutura na formação do clone foi influenciado pelos fatores ambientais, que criam a singularidade entre os indivíduos.

O mesmo ocorre com self. Ele é estrutural e se estruturou por meio de um processo permanentemente evolutivo de busca de sua ipseidade. Tudo no universo é estrutural – self também. Tudo no universo é quântico – self também. Tudo no universo é processo – self também. Só por abstração se pode pensar um ser que seja só estrutura ou só processo, sem algo mais que lhe dê sustentação.

Da mesma forma que uma pessoa nasce com memória, com sexualidade e com todas as potencialidades para evoluir e desenvolver-se, também nasce com uma tendência estruturável e estruturante de pensar em si mesma e, nesse pensar, unem-se estrutura e processo na formação do "si-mesmo", do eu mesmo, do self, da nossa pessoalidade em permanente evolução para níveis mais sutis.

Somos uma permanente continuidade em mudança, somos equilíbrio e desequilíbrio, somos estabilidade e mudança, somos recolhimento e expansão e, em meio a toda essa variabilidade às vezes paradoxal, existe algo que nos mantém no ser, que nos permite reconhecer como sendo nós mesmos, ao longo do tempo. É por meio de nosso self e de nossa ipseidade que continuamos estruturalmente os mesmos, não obstante a contínua mudança de nossa estrutura por meio do nosso processo de existir. O self está centrado no aqui e agora; a ipseidade vai além, é um instinto de busca, de amanhãs...

Tudo no universo é estrutural e sistêmico. Também self. A estrutura é forma pensada, vista e sentida. Estrutura, forma e organização são componentes de todo e qualquer existente, seja ele físico, seja ele mental, pois, do contrário, não poderia ser concebido, pensado. Somente um ser cuja essência é sua existência ou vice-versa escapa desse enquadramento conceitual, pois essa coincidência ontológica entre essência e existência cria uma totalidade metafísica na qual não existe lugar para forma e funcionamento e, conseqüentemente, para ser pensada do ponto de vista da estrutura.

Estrutura, forma e organização equivalem, juntas, a pensar processualmente uma realidade objetivada. Toda estrutura é fruto de um processo e, quando em ato, está em permanente processo, na direção de uma realidade distinta dela. Não se pode pensar uma estrutura excluindo dela o processo do qual ela é a finalização.

Self, pessoalidade e estrutura

Self é uma estrutura em processo, existindo por meio de uma forma e de uma organização; caso contrário, não poderia ser concebido nem pensado.

Nossa personalidade se estrutura de diversas maneiras, e muitos elementos entram na sua constituição. Trata-se de uma totalidade funcional processual, uma síntese se fazendo continuamente. É o sujeito se expressando por intermédio dela e do meio ambiente, sempre se fazendo, mas tendo cara e, como toda cara, sujeita a rugas, ao envelhecimento físico e existencial.

Self e sexualidade são elementos-chave na estruturação da personalidade. Nascemos com self, com sexualidade, e ambos funcionam, entre outros elementos ou talvez outros genes, como pilastras de um edifício que vão ser preenchidas com o concreto da existência, sendo que essas pilastras nunca terminam de ser preenchidas.

São subsistemas estruturantes da estrutura da personalidade, que também nunca estará pronta, mas se tornará cada vez mais visível, com o rosto visível daquele que se expressa por meio dela.

Nada no ser humano está pronto. Nem self. Tudo é movimento, tudo é evento, é acontecimento. Provisoriedade, impermanência e circularidade são a nota dominante da evolução. Por isso, toda teoria é provisória, tentando enquadrar a realidade para torná-la administrável. Estrutura, processo, organização e função são passos da totalidade. Tudo passa por esse caminho, mas, a cada volta, passando pelo mesmo lugar, esse "tudo" se reconhece, reconhece o lugar por onde passou antes, sendo agora diferente, porque enriquecido de toda a riqueza encontrada nessa trajetória. É esse caminhar que estrutura o ser humano e lhe permite se reconhecer como indivíduo e singular, sendo hoje sempre diferente do ontem.

Self, como estrutura e processo, como processo criador e inovador, figura–fundo, é constitutivo de nossa personalidade, de nosso ser no mundo. Do início ao fim de nossa existência, ele é nossa existência à procura de seu rosto definido por meio da experiência cotidiana da multiplicidade de vivências que povoam nossa caminhada.

Dadas as múltiplas facetas do self, em inter e intra-atualização, ele é também uma energia estruturante, como síntese e sintetizador de todos os movimentos internos e externos que desembocam na nossa contínua estruturação de personalidade. Isso traz uma reflexão complexa, porque, se de um lado esse movimento não pode durar *ad infinitum*, de outro ele precisa ser visualizado, o que significa a necessidade de a pessoa estar integrada em seu self, embora esse processo de pessoalização dure a vida inteira. Sentir-se integrado permite ao sujeito experienciar sua ipseidade como uma totalidade existencial.

Self é o sistema que acolhe nossas vicissitudes operadoras de mudança, às vezes em equilíbrio, às vezes em equilíbrio precário, às vezes em equilíbrio estável.

Como uma propriedade da pessoa humana, como um sistema integrador de outros sistemas, todos eles subsistemas em escalas quantitativa e qualitativa diferentes de um sistema maior e unificador máximo das potencialidades em atualização, self deixa de ser algo indefinido, reflexo de algo maior, para ser, ele mesmo, um dos centros, uma das zonas energéticas da pessoa humana.

Self é anterior ao eu. Self é uma estrutura estruturante e estruturável. Digo que self é uma estrutura processual ou uma estrutura em processo de formação que desembocará no Eu-maior, unidade central máxima operacional da personalidade.

Nós somos essencialmente relacionais, e só por abstração é possível pensar qualquer coisa fora do contexto "estar-no-mundo". Self, portanto, como elemento relacional, é necessariamente temporal e espacialmente submetido, como tudo no universo, aos processos de movimento, causalidade e perspectivas. Self, pensado cosmicamente, é um processo evolutivo que avança para séries complexas, como pessoalidade e personalidade.

A distinção, entretanto, que estamos fazendo ou começando a fazer entre pessoalidade e ipseidade, se existe, é sutil, sendo a pessoalidade o processo, o movimento que nos leva à ipseidade, na qual estrutura e processo se fecham, dando por encerrada uma procura pela própria individualidade singularizada, permitindo ao indivíduo sentir-se uma pessoa inteira, terminada.

Penso existir, de fato, uma sutil diferença entre pessoalidade e ipseidade. Pessoalidade é o processo, a tendência individualizante de se tornar pessoa; é a dinâmica controladora e geradora de novos processos, sendo ela mesma e, ao mesmo tempo, uma estrutura de um processo de auto-reconhecimento extremamente consistente. Ipseidade é aquilo em que a pessoalidade se tornou, é a estação final na e da caminhada de atualização de potencialidades prontas para formar a Gestalt final: "pessoa–corpo–eu".

Figura–fundo e contato

A abordagem gestáltica está solidamente edificada na psicologia da Gestalt, na teoria do campo e na teoria holística. Tempo, espaço, movimento, causalidade e perspectiva são elementos, conceitos-chave que embasam epistemologicamente essas teorias, porque lhes permitem descrever a realidade a partir do dado observado e da experiência imediata. A lógica processual desses construtos nos permite ver a realidade de um horizonte fora do sujeito, mas em relação com ele, encontrando nele a possibilidade de ir além do dado e de se antever num verdadeiro processo evolutivo.

Figura–fundo é um processo relacional que depende da perspectiva a partir da qual minha relação com o objeto em questão cria a relação de significados. Não existem figura e fundo como conceitos isolados, ao menos no contexto da psicologia da Gestalt. Dependendo da perspectiva, o que é figura pode ser fundo e vice-versa, podendo dizer-se o mesmo do conceito de fronteira. Fronteira é uma questão de horizonte, de perspectiva. É a relação "tempo–espaço–emoção" que determina a noção de fronteira. O contato na fronteira é função do tempo, do espaço e da emoção que dominam o observador diante de determinado horizonte. O horizonte se desloca sempre mais para a frente, a partir do significado ou da significação do observador. Por isso, o correto seria dizer que o contato se dá no campo e se intensifica na fronteira.

O dito processo de formação ou destruição de figuras depende do campo e da perspectiva do observador no campo.

Na verdade, não se deveria falar formação e destruição de figuras e/ou gestalten, porque, no universo, nada é destruído, muito menos uma gestalt, que significa uma totalidade. Falar *em destruição de gestalten e/ou figuras é uma* contradictio in terminis, *isto é, um absurdo do ponto de vista holístico. Na verdade, o correto é dizer "formação e transformação de figuras e/ou gestalten".*

Figura, fundo, fronteira são funções do campo. É no campo que o sujeito acontece e onde tudo acontece com ele. Somos um campo dentro de outro campo, e é essa relação de ser campo no campo que determina o horizonte a partir do qual algo vai ser figura ou fundo, ou vai se processar como figura–fundo, que, por sua vez, é uma relação de contato. Figura–fundo é o contato visto da relação sujeito–objeto.

O contato é função do campo. Tudo é contato, tudo está em contato. Só por abstração é possível pensar um ser que não esteja em contato. Self é contato? Sim, é contato, como tudo o mais é contato. Um ser que não esteja em contato não existe, não pode ser visualizado, pois é por meio do contato que as coisas existem no campo, inclusive self.

A qualidade do contato está na dependência de cinco palavras que organizam nosso universo: *imanência, impermanência, interdependência, transparência* e *transcendência.*

Pela *imanência* o ser é ser, é presença, é totalidade, é aqui e agora, se identifica com ele mesmo, finca raízes, expande a copa, se olha e se reconhece. Sem a consciência de que eu permaneço em mim, é impossível entrar em contato. Devo saber onde estou para saber onde o outro está. Ser imanente é ser e estar presente em si mesmo, com plena consciência de que se está no mundo.

Tudo que é propriedade minha também é parte da propriedade do outro. O outro é eu nele, e ele é ele em mim. Isso é *interdependência*, que, aqui e agora, cria a diferença entre ele e mim. Tudo no universo só está em contato porque nada é igual a nada, porque tudo é diferente de tudo, porque tudo depende de tudo, tudo influencia tudo, tudo do outro é meu, tudo que é meu é do outro. Só o respeito pelas diferenças pode criar a mais sólida, transformadora e eficiente das igualdades.

Pela *impermanência* tudo está em contínua mudança. Nada é dinamicamente fixo, fixado, absolutamente permanente e igual. Isso é contato, isso é Gestalt. O todo na parte, a parte no todo, de modo diferente, criador, relacional, transformador.

Transparência é a verdade nas coisas e das coisas. Tudo que é é verdade. Nossa dificuldade está em lidar com a existência clara e evidente das coisas, como elas transparecem para nós na sua imediatez e clareza, e quando, nesse ponto, nos confundimos com as coisas, perdemos contato com sua essência, com sua verdade. Nossa neurose não nos permite ver o óbvio, o eu, a identidade, o transparente de todo ser. Mais que aos nossos olhos é aos nossos sentidos que a transparência se revela.

Transcendência. Aqui estamos diante da Esfinge, ao lado das três pirâmides. Ante a majestade da evidência e da grandiosidade do mistério, o que nos resta é transcender, se pudermos, porque, caso contrário, ficamos simplesmente no olhar admirativo, sem entrar no contato da contemplação, da espiritualidade. Só transcendemos quando tudo em nós se faz silêncio, quando nosso espírito se apossa de todo nosso ser e nossas categorias humanas silenciam.

Ao mesmo tempo que esses cinco conceitos apresentam níveis de contato, eles também são exteriorização do processo figura–fundo, em que não se sabe qual antecede qual, nem como um, de fato, se distingue do outro ou é causa do outro. Esses conceitos, de muita complexidade e riqueza, nos colocam também diante de conceitos como fronteira, contorno, limites. Fronteira, contorno, limite, mais que processos visuais ou geográficos, são conceitos e processos humanos de contato, que revelam nossos processos interiores de finitude e limites, nos quais não se pode dizer onde um termina e o outro começa, embora tenhamos a sensação de que podemos, ao experienciá-los, sentir a diferença de um em relação ao outro.

Indo além, a vivência do contato, por meio desses cinco momentos de encontro conosco, nos remete ao mundo da espiritualidade, que é o mundo da imersão no aqui e agora, na parte–todo, na figura–fundo, nos quais o dualismo "desaparece", ficando apenas a relação que cria sentido na direção de um mundo sem limites.

Figura–fundo é, ao mesmo tempo, limite, fronteira, contornos, dependendo da perspectiva e das funções do campo. Eu e self também são funções do campo, nada pode ser pensado fora dele.

Em termos de ciclo do contato, o self é maior que o eu, como uma de suas funções. O eu é uma expressão do self e ambos são funções complementares na formação do campo. Um jamais substitui o outro. Não existe self total, nem Eu total, ambos são dinamicamente distingüíveis e distintos um do outro. Self não nasce da relação figura–fundo. Como um processo de contato, ele organiza essa relação, esse processo. Ambos, self e Eu, são expressões energéticas de forças que dominam o campo em dado momento e em dado espaço.

Self em McLeod e estrutura

Retorno, por um momento, à leitura de McLeod, que, mais uma vez, pela imprecisão de seus enunciados, pouco ajuda na definição precisa da natureza do self. Assim, ele afirma:

O self, Goodman diz, "rompe a compartimentação da mente, corpo e mundo externo" [...], mais adiante ele afirma: "Não é demais afirmar que, longe de ser apenas uma expressão ou uma posse do indivíduo, o self da Gestalt é igualmente um 'órgão de seu ambiente'" [...] (McLeod, 1993: 3).

Na "absorção espontânea do contato final" [...], ocorre a assimilação através da qual o self funciona como órgão de crescimento [...] (idem: 4).

O self não é para ser pensado como uma instituição fixa, ele existe onde e quando há de fato uma interação de fronteira [...] (ibidem).

O self é o sistema de contatos no campo organismo/ambiente (ibidem).

Em circunstâncias ideais, o self não tem muita personalidade... O incremento no crescimento e aprendizado, após um bom contato, é certo, mas é pequeno. O self encontrou e produziu sua realidade, mas, reconhecendo o que ele assimilou, ele a vê novamente como parte de um vasto campo... Quando o self tem muita personalidade... é porque ou ele carrega com ele muitas sensações inacabadas, atitudes inflexíveis recorrentes, lealdades desastrosas, ou ele abdicou totalmente, o que se sente nas atitudes em relação a si mesmo que introjetou [...] (idem: 22).

Self, mais uma vez, é visto como algo pequeno, limitado, encurralado na relação, aqui e agora, "pessoa–pessoa". Dentro dessa conceituação, fica difícil justificar self a partir das teorias de base que sustentam a Gestalt-terapia. A linguagem usada nas citações é coloquial, sem pretensões, embora queira fazer ver que se trata de um engate e de um enquadramento teórico.

Temos afirmado que self é uma estrutura processual ou um processo em estruturação permanente. Ele existe relacionando-se "dentro–fora–no–mundo–com–a–pessoa".

Quando dizemos que self é contato, estamos dizendo que é por meio do contato que ele surge e se mantém, como processo estruturante da personalidade.

Um processo é uma ação em movimento, aqui e agora, à procura de chegar até onde é possível chegar, dentro de uma pré-organização, de uma preordenação; caso contrário, estaríamos diante de um processo autodestrutivo.

A estrutura se organiza como movimento intrínseco e funciona a partir de uma auto-eco-atualização, dependendo de como está localizada no mundo.

Uma estrutura como sinônimo de forma, como sinônimo de sistema, como sinônimo de totalidade ou conjunto de relações em perfeita solidariedade sincrônica, é um processo no qual tudo depende de tudo e influencia tudo.

Não se pode pensar um construto atuando como se tivesse vida própria, como, por exemplo, pensar ou dizer: "O self é isto ou aquilo", como se ele tivesse vida própria, sem pensar na sua estrutura concreta, funcionalmente operante.

Abbagnano assim define construto: "Construto ou constru-ção lógica é termo usado freqüentemente por escritores anglo-sa-xônicos para indicar entidades cuja existência se julga confirma-da pela confirmação das hipóteses ou dos sistemas lingüísticos em que se encontram, mas que nunca é observável ou inferida di-retamente de fatos observáveis".

Sempre, portanto, que damos vida a um construto, temos de pensá-lo estruturalmente, funcionando proces-sualmente como as entidades inferidas das quais ele tira sua realidade.

Não existe o belo, o grande, o self em si, e quando concedemos a eles uma existência sistêmica passam de adjetivo, advérbio ou preposição para substantivos com estrutura e processos próprios.

Assim, o belo se transforma em beleza, o grande se transforma em grandeza, e o self se transforma em ipsei-dade. Nessa condição de adjetivo ou pronome, como é o caso do self para substantivo, todos esses construtos ad-quirem uma existência sistêmica, materializável, ou estru-turas processuais ou processuáveis.

Quando adjetivos, pronomes, advérbios ou preposi-ções se transformam em substantivos, passam a ser com-preendidos a partir das dimensões geométricas do tempo e do espaço, e aí adquirem vida, visibilidade, emoção. To-do construto pode ser expresso em termos espaciais e temporais, que passam a ser dimensões existenciais ex-pressas por preposições e advérbios, como:

- Contato tem a ver com "dentro, fora, perto, longe".
- Figura tem a ver com "aqui, próximo, perto".
- Fundo tem a ver com "lá, distante, além".
- Consciência tem a ver com "próximo, longe, perto".

- Self tem a ver com "dentro, fora, perto, próximo".

Isso significa que essas palavras sem sentido adquirem sentido por meio do movimento e da perspectiva sob os quais são usadas. Tudo é, portanto, uma questão de aproximação, inclusive self.

O self, o sistema de contatos, integra sempre funções perceptivo-proprioceptivas, funções motor-musculares e necessidades orgânicas. É consciente e orienta, agride e manipula, e sente emocionalmente a adequação entre ambiente e organismo... Expressando isso de outra maneira: é o órgão sensorial que percebe, é o músculo que se movimenta, é o órgão vegetativo que sofre de excedente ou de déficit, mas é o organismo como um todo em contato com o ambiente que é consciente, manipula e sente. Essa integração não é ociosa; é um ajustamento criativo. Em situações de contato, o self é a força que forma a Gestalt no campo; ou melhor, o self é o processo de figura/fundo em situações de contato... Em resumo, onde há mais conflito, contato e figura/fundo, há mais self, onde há mais confluência (fluir junto), isolamento ou equilíbrio, há um self diminuído (Perls, Hefferline e Goodman, 1997: 179-80).

Acredito, de fato, que self não é o, mas um dos sistemas de contato na relação organismo–meio. Como um subsistema organizador da identidade individual do sujeito, self se transforma, forçosamente, num sistema regulador das relações organismo–meio. É verdade que é função do self esse ajustamento criativo, mas também é verdade que não se pode atribuir a ele a exclusividade de ajustar criativamente o contato organismo–meio.

Sabemos que tanto o coração quanto o pulmão, principalmente, se regulam um com o outro na sua relação com o exterior, na dependência de estímulos externos. Por exemplo: um medo não controlado faz que coração e pulmão disparem, via adrenalina, como órgãos controladores do contato, o que é mais que uma simples relação organismo–meio.

Mas esse controle, relação ou contato (cada um é diferente do outro) ocorre em todo o organismo físico-químico no seu encontro com e no mundo. Tudo na pessoa humana é controle, é relação, é contato, e isso se chama estar vivo.

Isso se chama também função holística da relação "pessoa–mundo–corpo" por meio dos processos de imanência, impermanência e interdependência. O grande equívoco da citação ao lado, com a qual concordo plenamente até chegar em "Em resumo", é que ela parece atribuir somente ao self essa função controladora, contactual, organismo e meio.

Aqui está todo o problema do chamado self processual de Perls, Goodman e Hefferline, porque:

1. O que significa "mais conflito", "mais contato", quem ou o que determina esse "mais", trata-se de minha percepção ou da coisa em si? De que lugar parte a percepção, do sujeito ou do objeto?

2. Esses movimentos de centragem e equalização, porque é disso que eles estão falando, ocorrem em tudo e com todos os órgãos humanos.

3. Esse ativar-se e desativar-se é a expressão de um equilíbrio instável, próprio do organismo, para poder se adaptar às circunstâncias novas e sobreviver.

4. Isso, sim, é uma das funções holísticas e de campo da relação "pessoa–corpo–mundo". Isso obedece a uma lei macro do universo: a formação harmoniosa de todos.

5. O self de Perls, Goodman e Hefferline se enquadra nesse sistema holístico relacional e de campo? Claro que sim, mas não é o self *o* sistema de contato, pois isso é dicotomizar. *O* sistema de controle é o "organismo–como–um–todo–no–mundo".

6. Todos os órgãos no e do organismo, sejam eles físicos, químicos ou mentais, têm esse papel holístico de centragem e de equalização, inclusive o self.

7. Self, entretanto, não pode ser colocado no mesmo nível de centragem e de equalização que os outros órgãos químico-físicos, pois self é um "órgão" mental no mundo, muitíssimo mais evoluído que um pulmão–coração em auto-regulação.

8. Self é quase a finalização de um processo evolutivo de alta complexidade, por meio do qual ele foi deixando todas as fases ou níveis inferiores, acumulando o melhor da evolução até se tornar "o si-mesmo", um atributo da personalidade.

Daí nossa intenção de ir além do self, propondo o conceito de ipseidade, para tirar dele todos os ranços teóricos que o têm acompanhado e ver todas as funções a ele atribuídas, ampliadas e atribuídas agora à ipseidade, a qual tem a vantagem e a originalidade de ser um conceito filosófico, além do mérito de ser algo mais dimensionável, uma energia mental, fruto da relação evolutiva organismo–meio e expressão desse mais íntimo de cada um de nós, nossa singular individualidade. Não podendo fotografar a personalidade, fotografamos sua mais imediata representante, a ipseidade.

Vemos self numa dimensão mais restrita, mais centrada no aqui e agora relacional, como uma rede em formação, ao passo que ipseidade é esse finalizar do self, mais inteiro, mais experimental e experiencial, e também um processo dinâmico de evolução.

Essa visão holística de ipseidade tem muito a ver com uma visão da natureza humana, fruto do processo evolutivo, de tal modo que todo o movimento evolutivo é um movimento para a humanização do cosmo. Tudo, na verdade, é humano, traz a marca do processo evolutivo humano. Talvez aqui tenhamos um dos grandes veios para um pensar a espiritualidade humana como o ápice, no presente momento, desse processo evolutivo.

Self, teoria do campo e holismo

Na linha de holismo e teoria do campo, faço mais algumas reflexões de base.

Philippi (2004), de algum modo, resume magistralmente a necessidade de pensar um self consistente com as funções que lhe são atribuídas. Essas citações, epistemologicamente fundadas na teoria holística e na teoria do campo, nos remetem à necessidade de fundamentar a idéia de um self mais consistente para não cair na tentação de simplesmente negá-lo.

Self é um subsistema de capacitação organismo–ambiente.

1. A figura é sempre o indivíduo. O fundo tem a ver com "todos", "grupos", "caos". O fundo é a multidão passível de se tornar figura. O indivíduo é o individual, o fundo é o "social" à procura de se tornar indivíduo, figura.

2. Só por abstração, como uma ontologia impossível, mas que acontece, pode-se pensar em sujeito sem grupo, um interno sem externo, um individual sem um social. Um faz o outro ontologicamente acontecer, são faces de uma mesma e única moeda.

3. É o sujeito como um todo que realiza essa operação de passagem da figura ao fundo e vice-versa, e seu instrumento é a necessidade, aqui e agora. Da mesma forma que o ser–universo, o ser–homem também é um ser de infinitas possibilidades, e o ser–fundo é um ser de infinitas possibilidades de figuras.

4. O contato se intensifica mais na fronteira porque é ali que a necessidade se faz presente, de maneira mais

clara e urgente. A passagem da figura ao fundo é determinada pelo grau de necessidade que a totalidade pessoa–organismo vive em dado momento – e em dado espaço. É no campo que as coisas acontecem e é do campo que nasce a compreensão da realidade; fora do conceito de campo, tudo se torna difícil de explicar, as coisas perdem realidade e a mente passa a ser senhora do imaginário. O campo, organismo–meio, é tudo. Não nascemos nem somos constituídos pelo campo; nós somos um campo, o campo somos nós.

> Dessa forma, qualquer mudança que possa ocorrer em um sistema vivo responde a um determinismo estrutural. Quando um organismo interage com seu ambiente, o que vai determinar a sua resposta é a sua estrutura, sendo que o ambiente se configura como contexto instigador. Em função desse determinismo estrutural, não é possível a interação instrutiva entre dois organismos, somente é um acoplamento estrutural, que vem a ser um encaixe íntimo ou um ajuste recíproco entre as ações estruturalmente determinadas de um indivíduo e as do outro, caracterizando uma ação recíproca entre ambos. Portanto, o que caracteriza as organizações autopoiéticas (isto é, que se criam a si mesmas) é que os seus produtos são elas mesmas, inexistindo separação entre o produtor e o produto. "O ser e o fazer de uma unidade autopoiética são inseparáveis" (Maturana e Varela apud Philippi, 2004: 128).

Esta descoberta profunda e penetrante requer que o cientista cognitivo reconheça que a consciência e a identidade do self não oferecem alicerce ou fundação para o processo cognitivo; apesar disso, esse cientista compreende que nós acreditamos, e devemos continuar a acreditar, em um self eficaz. A resposta habitual do cientista cognitivo é ignorar o aspecto experiencial ao fazer ciência, e ignorar a descoberta científica na condução da sua vida. Como resultado, a inexistência de um self que responda às nossas representações objetivas é tipicamente confundida com a inexistência de um self relativo (prático) como um todo. De fato, sem os recursos de uma abordagem gradual da experiência, restam poucas alternativas, a não ser reagir ao colapso de um self objetivo (objetivismo), declarando a inexistência objetiva do self (niilismo) (Varela et al. apud Philippi, 2004: 128-29).

Self é uma intrincada rede de interações, na qual tudo está interligado e pessoa e mundo se encontram. Self não é a totalidade, mas é uma totalidade na qual sujeito e objeto se inter-relacionam, formando um significado. Self é o lugar da dialética do diálogo, no qual os opostos se encontram e fazem sentido um para o outro. Self se estrutura pela organização das oposições no seio da realidade. Self é dialético e paradoxal, é o lugar da estaticidade e do movimento. Ao mesmo tempo que finca raízes, ele se mantém, estruturalmente, o mesmo ao longo do tempo, expande sua copa – aliás, quanto mais raízes ele cria, mais amplia sua copa. Self é uma unidade de fenômeno. É um todo dentro de um todo maior, a pessoa, que, por sua vez, é uma unidade de totalidade maior no cosmo.

Self e estrutura, espaço e temporalidade

Self é estrutural, estruturável e estruturante. Organiza-se como tal e, como tal, é processo relacional, é movimento que cria, que dá sentido. É permanência (estrutura) e mudança (organização–movimento). Isso não é dualismo, é a dinâmica dual interna do todo existente. Dualidade é relacionamento acontecendo, é uma unidade de sentido em ação, na qual não se pode pensar em partes isoladas. Dualismo, ao contrário, é o privilégio de parte sobre parte, ou da parte sobre o todo.

Tudo que existe é ontologicamente permanente no aqui e agora; caso contrário, não existiria. Ao mesmo tempo, tudo está submetido à lei da evolução cósmica; tudo, inclusive self, é mudança, como tudo no universo está sujeito à lei de causa e efeito, temporalidade, espacialidade, movimento e perspectiva, processos por meio dos quais, sem perder sua permanência ontológica, tudo se modifica a cada dia. E é nesse processo que self se torna dialético, sempre em diálogo com o mundo.

Self, como tudo no universo, é circular e sujeito de mudanças e de provisória permanência, de tal modo que, sem deixar de ser ele, é sempre outro, e é nesse movimento que se equilibra e desequilibra, formando, a cada dia, um rosto mais visível, mais nutrido.

Self, como tudo no universo, está relacionado a tudo. Isso não é uma opção: relacionar-se é a máxima lei evolutiva do universo. Até o não querer relacionar-se é um relacionar-se. É contato, é processo. É o cartão de visitas mental da pessoa, é o currículo da pessoa. Ali está tudo escrito e, como num currículo, vai sempre recebendo novas informações, ao mesmo tempo que a pessoa, dona do currículo, também vai ficando mais visível para ela e para o outro. O currículo (self) significa que a pessoa está em permanente crescimento, em permanente continuidade. Self, como um currículo, não encolhe e espicha, ele sempre espicha. É por meio do Self que a pessoa entra em contato com o mundo, num fluxo contínuo de criação e de espontaneidade, crescendo na razão em que se percebe como ser de relação.

Self é espacial e temporal. Quando é espacial, ele é imanente ou vive a imanência, reconhece a si mesmo como um *continuum* em permanente mudança, em constante crescimento e evolução, ou seja, ele expressa nossa experiência e vivência espaciais e se expressa espacialmente. Quando é temporal, ele é interdependente e transcendente, é contato, faz contato, tem uma teleologia intrínseca a si mesmo; caminha do alfa ao ômega e se lança ao depois, transcendendo a si mesmo. Como temporalidade, ele vive um *continuum* auto-eco-atualizador, como um processo.

Do ponto de vista metafísico e ontológico, é possível pensar espaço sem tempo, já o contrário é impossível. O tempo é função do espaço e, quando relacional, tem, necessariamente, de estar entre "um antes" e "um depois", ou simplesmente ser pensado como algo para depois continuar sua trajetória cronológica – ou de *kairós*. Assim, primeiro as coisas são espaciais ou são pensadas como espaciais; depois, elas são temporais ou pensadas como temporais. Não se pode pensar a realidade apenas a partir do tempo, mas pode-se pensá-la a partir do espaço.

O tempo é relacional, ao passo que o espaço é um dado único, exclusivo, singular. O espaço não está em algo, tudo está no espaço. Não se pode pensar um tempo absoluto, porque ou ele está em algo ou é pensado a partir de algo.

Um tempo linear absoluto é absurdo, mas um espaço absoluto é pensável. Fica difícil pensar em função temporal do self ou da temporalidade do self. Primeiro, porque self não existe sozinho, ele existe na pessoa, e esta não pode ser pensada só temporalmente; segundo, porque o tempo é função do espaço. Pode-se pensar um self espacial, mas não um self temporal em linhas retas. Quando o universo procede em curvas, "os eventos acontecem em curvas e seguem as curvas fundamentais do universo Espaço–Tempo" (Smuts, 1996).

O ciclo é um tempo linear circular. Nada melhor que o ciclo para demonstrar essa linearidade criativa do tempo que simplesmente pode ser pensado sem um ponto de começo e sem um ponto de chegada, porque todos os seus pontos estão eqüidistantes de seu centro. Ele só pode ser pensado assim porque o ciclo é sempre um espaço vazio, e nele e com ele o tempo acontece nos mais diferentes níveis.

Se se pensar o tempo como linhas retas contínuas, vai se tornar, do ponto de vista de cronos, *impossível visualizá-las com uma duração* ad infinitum *ou do ponto de vista de* kairós, *porque toda experiência humana é necessariamente finita, o que pode ser visualizado em círculos, mas não pode ser visualizado em linhas contínuas. E, se essas linhas se intercruzam, teremos um círculo e um quadrado em ângulos de 90 graus, nos quais a energia estará presa, não permitindo que energia e tempo fluam adequadamente.*

Tudo no universo é ciclo e circular. Essa é a lei da vida e do universo.

Não existe processo nem estrutura absolutos. Um é função do outro. É na funcionalidade da relação processo–estrutura que a realidade acontece. Só em Deus, se quisermos fazer uma analogia metafísica, estrutura e processo coincidem, porque a essência dele (estrutura) é a existência dele (processo).

Smuts diz que pensar espaço e tempo separadamente é pensar abstratamente. Na verdade, espaço e tempo são inseparáveis. São como matéria e forma, não se podendo pensar uma separada da outra. Assim como não se pode pensar espaço sem tempo, também não se pode pensar matéria sem forma. Em um raciocínio analógico, poderíamos pensar que matéria está para espaço assim como forma está para tempo. Podemos, no entanto, pensar numa antecedência ontológica tanto da matéria sobre a forma quanto do espaço sobre o tempo. Nossa proposta é que, aqui e agora, espaço e tempo sejam pensados sempre juntos, como inter e intra-relacionais. Precisamos pensar clinicamente o efeito dessa relação na pessoa como forma totalizadora de contato.

Pessoalidade, ipseidade e self

Vou tentar, mais uma vez, descrever a sutil diferença entre pessoalidade e ipseidade.

Pessoalidade é um processo que parte do self, como interdependência e transcendência; é a caminhada de crescimento evolutivo do self na direção de se expressar, cada vez mais nitidamente, como pessoa. Ipseidade é um processo que vai além do self, como imanência; é o "si-mesmo", estrutura ontológica que permite ao seu processo a função de atualização de toda a sua potencialidade.

Pessoalidade é uma característica, um movimento que desemboca na ipseidade. Self e ipseidade são processos e estruturas que, pela sua complexidade sintética, juntam a caminhada da pessoa a seus sistemas de contato, sendo o ajustar e o ajustar-se criativamente a principal função, que se expressa por meio do contato que a pessoa estabelece consigo mesma e com o mundo.

Self é, ao mesmo tempo, um processo temporal e espacial, porque não se pode conceber tempo sem espaço e vice-versa. Ele se redefine, a cada momento, por meio do tempo cronológico experimental e programado, e por meio do tempo vivido experiencial e existencial, no qual a busca permanente de sentido no, com e através do mundo se torna visível e chega, aqui e agora, ao seu ponto final provisório, constituindo uma unidade coerente de sentido no mundo.

Posso afirmar que ipseidade, mais que resultado de um "tempo linear", de uma duração matemática de momentos, é o resultado da experiência vivida, por meio da qual o sujeito foi se tornando ele mesmo, na sua singular individualidade.

Deve ficar claro que ipseidade é diferente de auto-imagem, de autoconceito. Auto-imagem e autoconceito são frutos das experiências vividas na cronologia existencial. São processos fabricados do ontem até o hoje. Ipseidade tem algo do inconsciente cósmico coletivo, do qual todos participam, e é o resultado de um processo seletivo individual, particularizado, por intermédio do qual, num processo de infinitas escolhas, eu, de algum modo, fui sendo separado desse inconsciente cósmico coletivo e individualizado pela força cósmica da totalidade, construindo, assim, minha exclusiva individualidade, que permitiu que eu fosse eu e não outro.

Diferentemente do self que se constrói diariamente, no aqui e agora, e se alimenta do farto banquete que já está servido à sua frente, ipseidade constrói seu alimento, corre atrás dele, tem um instinto cósmico de evoluir de todos os modos, não destrói nem rejeita nada, mas seleciona o que para ela é nutriente.

Quando se fala de self, as noções de figura–fundo, em geral, surgem como processos temporais e espaciais que regulam a relação self–mundo. Self é, ao mesmo tempo, figura e fundo e figura–fundo, como tudo no universo, – depende apenas de qual ângulo sua constituição está sendo observada.

Podemos dizer que, em tese, figura tem a ver com agora e tempo, fundo tem a ver com aqui e espaço – isso pensando-se a realidade por um tempo cronológico, pois, se pensarmos a realidade por um tempo vivido, o fundo pode ser agora e a figura pode ser espaço, pois nem self nem a realidade podem ser encapsulados em um único tempo ou espaço.

Self e seus subsistemas

Self e ipseidade são expressões, são modos como a Personalidade se apresenta por meio de subfunções, ou subsistemas, que temos chamado de id, ego, personalidade, devendo ficar claro, no entanto, que, quando usamos a palavra "Personalidade" nesse contexto de self, como, por exemplo, na expressão "Teoria da Personalidade", estamo-nos referindo a algo muito mais complexo do que quando falamos em personalidade como uma função de self.

Personalidade (com P maiúsculo), como um nome, um substantivo, significa uma totalidade de subsistemas operando harmoniosamente no mundo, para o mundo e com o mundo. Uma pessoa é uma Personalidade, uma Personalidade é uma pessoa. Está tudo ali, não falta nada daquilo que deveria estar ali. Personalidade é uma palavra cheia, plena, acabada, e, como uma estrutura, pode ser acabada e conferir identidade a uma pessoa. Deve ficar claro, portanto, que o conceito Personalidade não é idêntico ao conceito "personalidade" do self, sendo, neste caso, uma de suas três funções.

Quando falamos personalidade do self (com *p* minúsculo), estamo-nos referindo a algo menos abrangente que a noção de self, e quando falamos self estamos também dizendo que self é menos abrangente que o conceito de Personalidade como uma totalidade acabada, sinônimo de pessoa.

Id, ego, personalidade são momentos psicológicos evolutivos que precederam a formação e a chegada da unidade de sentido, que estamos chamando self; são alguns de seus níveis de contato, são aspectos operacionais que atuam também "separadamente" dentro de uma nova estrutura processual que estou chamando de ipseidade, cujos mesmos processos foram, tradicionalmente, atribuídos ao self.

Mas o que é id? Um subsistema interconectado com todos os meus sistemas internos e externos, por meio do qual meu corpo se torna um corpo histórico, revelado pela dor, pelos sentimentos, pela paixão, pelo mais ou menos primitivo que mora em mim. É a expressão talvez mais psicodinâmica do contato, das minhas experiências vividas e não vividas ou expressadas. Embora sempre contato, via centragem e equalização, ora é figura, ora é fundo, dependendo da relação estabelecida com os outros sistemas e do contato com o mundo fora dele. O id é o sistema corpóreo mais aguçado e primitivo, como primeira série evolutiva na linha de se tornar pessoa, porque tudo começa nele e com ele. Ele é todo excitação, contato; é o ponto de partida, exercendo uma função de disparar o eu para a realidade.

E o que é eu? Esse eu (minúsculo) é diferente do Eu (maiúsculo) quero, do Eu faço. Esse *eu* reflete o outro *Eu*, que é, de fato, o senhor da situação, um Eu que sabe, pleno, em contato total a partir do *start* dado pelo id, onde tudo começa.

O eu faz e acontece, ele explicita o id. O id sente e o eu faz. Isso é a figura no e do contato, mas também o eu sente e o id faz, isto é, o fundo do contato. Contato, figura–fundo são inter e intracambiáveis. Nada é isolado, solitário, mas, por uma organização interna e por uma auto-eco-atualização, tudo passa a influenciar tudo e ser influenciado por tudo. O eu não é, portanto, tão senhor dele quanto ele pensa, pois não existe sem o id e sem a personalidade e vice-versa.

Self, como construto, nada pode, mas como estrutura em processo funciona por meio do id e do eu, e planeja ascender a lugares mais altos usando sua função personalidade, tomando posse da realidade circunstante e se tornando visível por meio de um contato mais claro e atuante. O eu, portanto, está mais para figura que para fundo, embora, na sua relação com a função personalidade, esteja mais para fundo que para figura. Também em relação ao id, o eu é sempre figura, por isso, se o id põe as unhas para fora, sufoca o eu e se torna uma figura expressivamente gritante.

Na realidade, é impossível fixar os limites teóricos de cada uma dessas funções, porque, numa visão radical de holismo, todas essas distinções só têm sentido didaticamente, pois, na realidade, não se sabe onde uma começa e a outra termina, até onde algo é figura, até onde é fundo.

E a personalidade, o que é? Primeiro, essa personalidade (com *p* minúsculo), função ou atribuição do self, é diferente de Personalidade como estrutura total ou unidade máxima de referência do comportamento humano. Enquanto o id é emoção, sentimento, permissão, o eu é ação, mobilização, interação, a personalidade é valor, linguagem, identidade e auto-reconhecimento.

O conjunto de todas as funções do id, do eu e da personalidade forma a Personalidade, que é maior que self e ipseidade. Self e ipseidade refletem o olhar com que a Personalidade olha para si mesma. Assim, tudo no universo subsiste por meio das mais complexas redes de contato, sem as quais nada se organiza, desenvolve e até morre.

Quando dizemos que self é contato, não estamos dizendo que todo contato é self, porque, no universo, tudo é contato, mas nem tudo é self. Nem podemos dizer que o contato–self é diferente de um contato homem–sol. Simplesmente estamos dizendo que a natureza interna do self tem uma relação de contato que passa por uma experiência humana mais complexa que a relação homem–lua ou homem–cavalo.

Usando o conceito figura–fundo, digo que "personalidade", função do self, é a síntese sistêmica na qual desembocaram os processos do id e do eu. Ela é, portanto, uma permanente figura com relação ao id e ao eu que são processos–fundo.

Ali, portanto, na "personalidade", o contato se torna pleno, cheio, como fruto de um processo didaticamente começado no id, passando pelo eu e desabrochando coesamente, como junção de múltiplas variáveis, na personalidade, que é o "contato–figura–fundo–aqui–e–agora".

A personalidade, como função do self, é, do ponto de vista holístico, a síntese, a força sintética que expressa a caminhada evolutiva do contato à procura de uma forma definitiva do id até chegar à personalidade, a qual, por sua vez, se prepara para um novo ciclo de contato, deixando seu lado id começar uma nova caminhada.

Deve ficar claro que id, eu, personalidade do self são "separações" didáticas, pois embora o organismo, do ponto de vista biológico, possa atribuir a cada um deles movimentos moleculares diferentes, do ponto de vista da teoria do campo e holística, entretanto, esses três "subsistemas" são aspectos de uma mesma e única realidade: a pessoa–corpo à procura de sua auto-eco-atualização. Não estamos, portanto, atomizando, separando sistemas, mas apenas distinguindo didaticamente momentos temporais e espaciais de funcionamento do "organismo–humano–corpo–pessoa".

Self é a expressão de uma vivência temporal e espacial, ao mesmo tempo. É nesse sentido que figura (tempo) e fundo (espaço) se confundem na explicitação do que, de fato, é o self como unidade de sentido, finalização provisória do processo de constituição da Personalidade.

Essa reflexão fica melhor quando falamos de ipseidade como nome ou substantivo, que expressa a estrutura e os processos de contato na construção da Personalidade.

Vejamos duas citações-chave de como self tem sido um conceito inadequado para indicar tudo que alguns autores dizem que ele representa.

> Em circunstâncias ideais, o Self não tem muita personalidade... o incremento de crescimento e aprendizado após um bom contato é certo, embora pequeno. O Self encontrou e produziu sua realidade, mas, reconhecendo o que ele assimilou, ele a vê novamente como parte de um vasto campo... Quando o Self tem muita personalidade... é porque, ou ele carrega com ele muitas situações inacabadas, atitudes inflexíveis recorrentes, lealdades desastrosas, ou ele abdicou totalmente e se sente nas atitudes em relação a si mesmo que ele introjetou (Perls, Hefferline, Goodman, 1951: 427).

Não há como pensar o construto self fora de uma percepção de temporalidade e de espacialidade, constitutivos existenciais da Personalidade. Self, como o conceito ipseidade, é fruto de tempo e de espaço, porque não se pode pensar um campo sem pensá-lo no tempo e no espaço. Ipseidade é um campo, imerso na temporalidade e na espacialidade, com tempo e espaço, nesse contexto, indo além da materialidade que esses construtos possam sugerir. Estamos falando do tempo e do espaço vividos,

82 JORGE PONCIANO RIBEIRO

por meio dos quais a existência do ser evolui na direção de constituir, de construir sua essência.

E, referindo-se à citação, o que significa "Em circunstâncias ideais, o Self não tem muita personalidade...", uma vez que "self" e "personalidade" não necessariamente se incluem?

> Como um resultado (da assimilação insuficiente), as conotações da palavra Self se tornaram por demais confusas e contaminadas, mesmo quando as denotações são claras [como elas são no uso de Perls, Hefferline e Goodman]... Eu proponho que mantenhamos a perspectiva de que a ação é sempre pela pessoa total, e não "pelo Self", e que usemos o termo Self como um pronome reflexivo... processos que eram considerados aspectos do Self agora seriam discutidos como funções da pessoa total. A pessoa total seria pensada como um sistema de interações[3].

Discordo da observação de Yontef, pois self já fez uma longa caminhada na literatura psicogestáltica em voga e é por isso que estou tentando recuperá-lo, constituí-lo em um nome self, com uma estrutura processual que revela, como outros construtos, uma totalidade capaz de se deixar entender e de ser operacionalizada psicoterapeuticamente.

---

3. Gary M. Yontef, Assimilating Diagnostic and Psychoanalitc Perspectives into Gestalt Therapy – Keynote Address. In: Gestalt Conference, maio de 1987. *The Gestalt Journal*, 1988, n. 1, p. 5-32.

Self, tempo, espaço e circularidade

Self, portanto, implica um tempo e um espaço em dado campo, e assim tem de ser concebido. Esse campo é um campo acontecendo sempre. Eu, por exemplo, sou um campo acontecendo sempre, desde o primeiro instante de minha existência. Eu sou, ao mesmo tempo, passado, presente e futuro, e tanto o meu passado como o meu futuro têm um presente vivido, acontecendo aqui e agora.

Existe em tudo uma circularidade ontológica, porque tudo no universo é circular, é a lei do eterno retorno, só que nada passa de modo idêntico pelo mesmo ponto. O passado não existe, existiu. O passado não restitui nada a alguém que lá não soube viver o presente. O futuro não existe. Sempre que se chega perto dele, ele avança para a frente. É possível pensar ontologicamente um tempo e um espaço absolutos: Deus, por exemplo, mas não se pode pensar um tempo e um espaço simplesmente, porque, como funções relacionais, tempo e espaço só são entendidos como tempo e espaço vividos, portanto, carregados de passado, presente e futuro.

Por isso, conceitos como figura e fundo também não podem ser pensados apenas ontologicamente, pois, como construtos relacionais, não se sabe onde começa um e termina o outro. Só posso pensar figura e fundo como figura–fundo vividos, da mesma forma que o tempo e o espaço, pois a figura está para o tempo como o fundo está para o espaço, mas essa é uma organização viva e não-ontológica. Ontologicamente, poderia pensar o fundo como uma potência, mas, de fato, não posso, porque não posso pensar o fundo sozinho, dado que ele é ontologicamente relacional. Quando penso ontologicamente, penso essencialmente, e fundo não é essência, é relacional; portanto, não posso pensar fundo como essência e figura como existência ou ato. Ambos têm de ser pensados, ao mesmo tempo, como essência, porque é a relação entre figura e fundo que é essencial para a compreensão da mudança como construção e constituição do contato. Essa é uma visão radical do que chamamos holismo, no qual absolutamente nada é só, tudo é interdependência.

Mais uma vez, tento deixar claro que figura–fundo, parte–todo, tempo–espaço, causa–efeito, movimento–perspectiva são palavras-chave na compreensão do que é contato e self, e essas palavras adquirem uma real dimensão no contexto gestáltico a partir da teoria holística. O contexto acadêmico e científico divide para poder entender, deduz para poder matematizar, mas nossa grande caminhada é indutiva, qualitativa, porque não perdemos a perspectiva da evolução, do passado gerador do presente, e entendemos que é aqui e agora que compreendemos o lá e o então.

Self e ipseidade são fruto de uma metafísica e cronológica interdependência. Contato é interdependência; assim, a própria noção de fronteira precisa ser vista com cuidado, porque falamos que o contato se dá na fronteira, e aí nos perguntamos até que ponto a simples noção de fronteira quer dizer interdependência de contato, porque, na interdependência, estamos também falando de um processo circular, que ocorre na fronteira; estamos falando de uma mútua e múltipla contaminação energética, que pode ser chamada de contato e é o *substratum* que cria a realidade.

Figura–fundo, parte–todo, tempo–espaço, fronteira–contato poderiam ser expressos como "parte–todo–figura–fundo–tempo–espaço–fronteira–contato", como um vetor à espera de um ponto de aplicação que nunca chegaria, porque, na circularidade do universo, a energia desse vetor estaria sempre retornando a um ponto anterior para buscar, para se carregar de tudo que ficou para trás e continuar no seu eterno evoluir à procura do ômega absoluto.

Acredito que os conceitos de figura e fundo, aqui e agora, fronteira e contato, parte e todo, como conceitos das teorias do campo e holística, ainda não foram pensados radicalmente pelos teóricos da Gestalt-terapia como processos relacionais e criativos, pois são pensados mais como sintomas situacionais.

A relação figura–fundo é composta de momentos de contato. O contato não ocorre nem na figura nem no fundo. Ele ocorre entre, ele é o movimento que produz a relação temporal–espacial, figura–fundo a partir da necessidade que o sujeito experimenta no campo. Meu contato é minha percepção relacional entre mim e o mundo. A direção do contato, como um vetor num campo, seguirá o caminho que a experiência orgânica total do sujeito apontar como significativa para ele, aqui e agora.

Da mesma forma que o contato, também a consciência é relacional e se coloca entre figura e fundo na intenção de sinalizar o que a percepção do todo aponta como significativo.

Nesse contexto, self e ipseidade estão além e aquém da figura–fundo, aquém e além do aqui e agora, além e aquém do contato–fronteira, aquém e além da parte–todo. Ipseidade é fruto desse imenso campo em que, por uma complexa movimentação, tudo acontece pleno de variáveis psicológicas e não-psicológicas transformadas em contato. Self não é sinônimo de contato; con-

tato é o instrumento operador da criação, no qual tudo é contato, e ele ocorre sempre, seja como figura, como fundo, como aqui, como agora, seja como uma síntese criadora de tudo.

Da mesma maneira que afirmamos que a pessoa humana é governada por três sistemas – cognitivo, sensório-emocional e motor – acoplados à linguagem, a qual é seu instrumento de visibilização, dizemos também que a psicodinâmica da ipseidade se expressa por meio de três sistemas – o id, o ego e a personalidade, tendo o id a ver com o sistema sensório-afetivo; o ego, com o sistema motor, e a personalidade, com o sistema cognitivo. Não se pode dizer o que na pessoa é função só da mente, nem o que é função só do corpo, ou só do ambiente. Na realidade, a pessoa é "mente–corpo–ambiente" e nada pode ser compreendido fora dessa tripla realidade. Esses sistemas são, ao mesmo tempo, temporais e espaciais, expressando-se psicodinamicamente como resposta à necessidade que surge em dado campo, em dado momento. *Um não é causa do outro, eles coexistem, se co-constituem e se co-constroem em perene movimento; um não é antes do outro, são frutos de um tempo e de um espaço vividos como formas de contato entre "sujeito–mundo–sujeito–mundo".*

Id, ego, superego (personalidade) são vivências e expressões de tempos vividos, são séries evolutivas no espaço cósmico em evolução, são construções humanas se refazendo a cada dia, são temporalidades que na espacialidade cósmica marcam sinais de progressão evolutiva, rumo à formação da mente que desabrocha em pessoa, em Personalidade.

Talvez pudéssemos dizer que *a fase id* (isso) corresponde à fase animal da evolução e a tudo que isso possa significar de primitivo, de básico, de psiconeurológico para o despertar de outras fases. *A fase ego* (eu) corresponde à fase evolutiva mente–pessoa, na qual o homem desenvolveu basicamente sua capacidade motora e inter-relacional de funcionar livremente, ainda que com certo primitivismo. *A fase personalidade* (supereu) é o agora evolutivo que vivemos, fruto das séries evolutivas anteriores e cuja característica é a vivência cognitiva dos valores, do certo e do errado, do adulto e do infantil, sempre no mundo e fruto do mundo. Nada pode ser pensado abstratamente, pois somos seres de relação.

Essas três fases, que originalmente demoraram milhões de anos para evoluir, se repetem hoje em cada pessoa, e finalizam em cada pessoa uma complexa síntese que se caracteriza hoje, primeiro, pelo surgimento do id, completando-se com os outros dois sistemas ou fases no curto espaço de tempo de uma vida humana, começando, todavia, na infância, depois passando pela adolescência, que se caracteriza pelo ego, e chegando à idade adulta, que se caracteriza pela personalidade, com toda a complexidade que a vida atual apresenta. É o ciclo da evolução que se repete na circularidade da evolução em cada pessoa.

O ciclo do contato, tempo, espaço e circularidade

Id, ego, personalidade não funcionam linearmente, como causa e efeito reciprocamente; não são seqüências de fenômenos independentes, são processos de contato inter e intracirculares, como tudo no universo, incluindo o tempo cronológico e o tempo vivido, sem uma lógica linear, mas uma lógica que nasce da totalidade organismo–meio que rege o surgir de qualquer efeito.

Eu e outros autores temos apresentado o ciclo de contato com self no meio e dele emanando as três posições: id, ego, personalidade. No entanto, self, ipseidade e ciclo são construções que precisam ser aprofundadas, porque, embora um contenha o outro, essa relação não é necessariamente intuitiva. Deve ser demonstrada e é isso que estou tentando fazer.

É fundamental esclarecer que, em nenhum momento, quero dizer que self é um conceito errado dentro da visão conceitual da Gestalt-terapia. Self é apenas um conceito pequeno, às vezes explicado inadequadamente para expressar tudo aquilo que a ele se tem atribuído. É como uma casa pequena dentro da qual se quer colocar móveis que superam suas medidas e sua estética. E essa tentativa pode até produzir um caos estético-teórico.

Self tem sido definido como contato. Ipseidade é mais que contato e poderia ser pensada como uma "formação duo" da psicologia da gestalt, cujo processo conteria self.

Self é como um relógio antigo, funcionando perfeitamente e dando conta do recado: marca "infalivelmente" as horas. Ipseidade é também um relógio, só que, além de marcar as horas com precisão, é também um barômetro, um profundímetro, um altímetro. Um relógio além, mais aperfeiçoado e complexo que o outro.

Tudo que se diz do self pode-se dizer de ipseidade, com esta transcendendo aquele. Por ter uma amplitude conceitual filosófica maior que a de self, ipseidade se adapta melhor à visão fenomenológica e epistemológica da Gestalt-terapia, pois expressa conceitualmente uma realidade maior, mais relacional, de imanência, de impermanência e de interdependência, o que facilita mais a compreensão do aspecto existencial da Gestalt-terapia. Ipseidade é temporal e espacialmente mais funcional que self porque contém, no seu bojo teórico, uma relação espaço–tempo mais visível como processo, não só cósmico, mas no que diz respeito especificamente a essa pessoa aqui e agora. Descobrir como alguém tem construído sua ipseidade é descobrir como essa pessoa utiliza seu espaço e seu tempo na sua relação contactual com o mundo, o qual, como ela, está em evolução. O conceito de ipseidade também expressa melhor a relação figura–fundo, responsável pela interdependência dos sistemas que movem todos os seres a se tornar todos, totalidade, inteireza. Descobrir o processo figura–fundo de alguém é descobrir como a pessoa lida com suas partes, com sua totalidade, com suas fronteiras e contornos por meio do contato.

Ipseidade, por ser um conceito mais pleno, corresponde melhor clinicamente, como resposta global, a certa procura de como funciona a pessoa na sua relação figura–fundo.

Estou tentando mostrar como o conceito ipseidade vai mais além nas suas relações de contato que self, o qual, embora definido por muitos como holístico e fundamental para o conceito de campo, não consegue chegar lá – ou não mostraram que ele pode chegar.

O processo psicoterapêutico não é nada mais que a exteriorização progressiva da experiência interna crescente do cliente no mundo, que começa, didaticamente, no nosso modelo de ciclo de contato, em "fluir", e termina em "retirar", para recomeçar um novo ciclo a partir de uma nova necessidade e motivação. O ciclo é apenas um modelo visual didático, uma proposta visual de como o comportamento pode ocorrer, e não um modelo de um determinante comportamental. É um modo fenomenológico de ver a realidade contactual de alguém, sem jamais querer dizer com isso que o comportamento ou o contato ocorram necessariamente nesse esquema, o que equivaleria a um determinismo psicológico ou à antifenomenologia. Esse modelo didático seria impossível se pensássemos self apenas como algo temporal, como uma linha no tempo, pois é o espaço que cria a curva da temporalidade existencial.

O que é a neurose, senão a ruptura dessa circularidade no contato? Quebrar o contato, interromper o contato, bloquear o contato tem tudo a ver com a quebra e a interrupção da circularidade de fatos, emoções e processos no campo da existência da pessoa.

Não é totalmente verdade que as águas de um rio não passam pelo mesmo lugar duas vezes. Não passa toda a água daquele aqui e agora, mas parte dessa água, transformada em vapor, em nuvem, em chuva, vai, sim, correr de novo pelas mesmas margens. Isso é circularidade.

O neurótico insiste que suas águas sejam sempre as mesmas e que só elas passem por aquelas margens, quebrando sua incômoda circularidade, que é o máximo fator de mudança.

O ciclo do contato

Quanto à forma do ciclo atual, como em meu livro *Ciclo do contato*, devo dizer que o ciclo continua como está, com self no centro, por ser o ciclo a melhor maneira de representar o movimento de circularidade do universo, que todos os seres repetem, ao seu modo. Introduzi algumas alterações na forma dos ciclos, que explicitam melhor esse "self" central na sua relação maior com o universo – e agora mais conceitualmente adequado.

A estrutura formal do ciclo passa a ser pontilhada para expressar melhor uma abertura do self para o mundo, para o que chamamos de meio ambiente, de variáveis não-psicológicas. Ao mesmo tempo, amplio e reenquadro as notas explicativas de como esses ciclos funcionam.

Entendo que o círculo, mais que uma linha apontando para um infinito possível chamado futuro, é o melhor instrumento para dar visibilidade a essa circularidade do comportamento, que ocorre no tempo e no espaço, na forma dinâmica da relação figura–fundo, em ciclos.

No grande campo, chamado universo, tudo retorna, sem exceção. Tudo é circular, tudo é interdependente, sem jamais repetir por inteiro, pois as águas de um rio não passam duas vezes pelo mesmo lugar, embora devamos lembrar que não existe rio sem margens, e que é a relação água–margem que provoca o eterno retorno dessa água, que passará pelas "mesmas margens", mas agora carregada de novas substâncias colhidas das nuvens, da evaporação, do vento e de tudo que, no universo, se repete eternamente diferente. Isso é ciclo.

Os diversos passos do ciclo são uma tentativa de dar visibilidade às possibilidades circulares do comportamento, não engessando o processo de como o contato possa ocorrer, mas propondo uma seqüência que pareça constituir o que na realidade ocorre, como uma lógica do sentir, do fazer e do pensar.

O self tem sido apresentado no meio do ciclo que Zinker chama de ciclo de "consciência–excitação–contato", que eu chamo de ciclo do contato, ciclo de bloqueio do contato e ciclo da saúde, e Clarkson chama de ciclo da saúde da formação e destruição de Gestalt.

Figura 1. O ciclo do contato contém dois movimentos: o do bloqueio ou perturbações de fronteira e o da saúde. Esses dois movimentos se encontram ora como opostos, ora como complementares, ora como aproximações, em cada ponto do ciclo. Dada a natureza polar do ciclo, cada ponto é, ao mesmo tempo, um diagnóstico, enquanto indica o bloqueio ou onde o contato se interrompe (por exemplo, em proflexão), e um prognóstico, enquanto indica um movimento na direção da saúde, no caso, interação. Todos os ciclos têm, no centro, self, propriedade estrutural e estruturante existencial da essência da

pessoa humana. Self é uma força holística, integrada e integradora na e da pessoa humana. Ele é um subtodo, um subsistema, força sintética que promove, no ser humano, seu constante desenvolvimento e evolução por meio de sua estrutura, suas funções e sua organização, e é por isso que nos é possível visualizar a pessoa como indivíduo único e singular. Self é a expressão da existência estrutural e estruturante sempre em processo evolutivo na formação do "corpo–pessoa–no–mundo".

MEIO AMBIENTE + PESSOA = ESPAÇO VITAL

Figura 2. Esse modelo contempla: 1) o ciclo tradicional de contato, que envolve bloqueios e níveis de contato, expressão de nosso tipo de ação no ciclo da "vida–como–um–todo"; 2) os três sistemas de funcionamento humano: motor, cognitivo e sensório-afetivo; 3) self, um existencial, que é uma propriedade estrutural inerente à essência da pessoa humana e está em permanente dinâmica mudança pela conjugação das variáveis (eu, id e personalidade) que interferem no seu movimento. Existindo na pessoa e sendo um centro de processamento de dados da personalidade humana, juntamente com o eu, esse self cria as individualidades existenciais e a multiplicidade fenomênica que caracteriza todo ser humano. Esse modelo contempla o "todo"–self, o "todo"–sistemas e o "todo–global"–ciclo do contato, os quais, dinamicamente intra e inter-relacionados, formam o "todo"–pessoa. A energia interna que os atualiza sempre chama-se holismo.

(Ribeiro, J. P. O ciclo do contato. São Paulo, Summus, 1997)

Figura 3. O universo e este ciclo funcionam como um "todo". Na natureza tudo diz respeito a tudo. O "todo" é livre, dinâmico, orgânico, evolutivo, criativo, auto-ativo, automovente. O ciclo é um "todo" e funciona do mesmo modo que as leis que regem os "todos". Como em um holograma, o todo contém as partes e elas contêm o todo. O ciclo se repete todo, em cada um de seus pontos ou mecanismos, destacando-se, porém, um processo como figura, e todos os outros como um fundo. As necessidades presentes no contato determinam a permeabilidade e a dinâmica de intercâmbio de ser figura ou fundo, ou de se passar da figura ao fundo e vice-versa. Cada traço nos pequenos ciclos corresponde a um dos mecanismos do ciclo do contato.

Nesse modelo de ciclo de contato, self é visto como uma estrutura, como um subsistema num sistema maior chamado pessoa–mundo, pessoa–ambiente. Esse self é, de fato, aqui, um reflexo, um reflexivo de algo maior que ele, a pessoa, da qual é um subsistema processual de contatos, tendo ele, por sua vez, minissubsistemas chamados id, ego, personalidade. Ele é fruto da relação processual pessoa–ambiente, é a síntese de como a pessoa se vê aqui e agora a partir de seus sistemas de contato, é o "si-mesmo", como diz Zinker, e o ponto quase final de uma caminhada evolutiva da relação de significados operacionalizados constitutivos da personalidade.

Na minha linguagem atual, self aparece como um nome, como uma coisa, um subsistema "independente", que faz e acontece, um sistema mental paralelo a outros sistemas corporais, como, por exemplo, a memória, embora, é claro, não possa ser localizado no cérebro. Self tem uma efetividade, uma materialidade, uma "coisidade". Ele não é, entretanto, uma coisa que aparece na pessoa depois que ela nasce. A pessoa nasce com self como um sistema de contato em formação, com esse "si-mesmo" inicial e iniciante de um sistema de contatos mais complexo que, num processo temporal e espacial, vai se caracterizando, dia após dia, sem jamais diminuir, crescendo sempre, tendo sempre um rosto provisório, mas nunca menos que seu rosto de ontem, e vai arrastando em si e consigo a história da pessoa até chegar à sua evolução posterior, à ipseidade.

Da mesma forma que a memória, self é uma entidade real, constituída de processos energéticos, radicados no corpo como um todo. É um atributo, uma propriedade da pessoa. Além do self, existe na Personalidade outra entidade, existencialmente mais evoluída e da qual o self é uma função. É essa entidade "biopsicossocioespiritual" real que, em última análise, recolhe, recebe, processa senti-

mentos, emoções, esperanças, amor, ódio e, finalmente, toma forma definida em cada um de nós, como o "si-mesmo" mais pleno, mais evoluído e complexo, ao qual chamo de ipseidade. Um auto-retrato, como uma matriz interna, fruto de uma história pessoal de contatos, e ela mesma geradora de história, mola mestra das atitudes humanas no mundo, do mundo e para o mundo.

Self é uma matriz energética, uma entidade na e da Personalidade que administra as relações imediatas de contato do corpo–pessoa no mundo. Mais adiante vou fazer um paralelo entre alma e self, espírito e ipseidade, sendo espírito mais evoluído que alma e ipseidade mais evoluída que self. Como o corpo, receptáculo da alma, tem seus subsistemas (cognitivo, afetivo, motor), também a alma tem "seus subsistemas" mais sutis, como amorosidade, insustentabilidade, penetrabilidade, que são efetividades características da vida, e todos esses subsistemas trabalham em inter e intradependência na mais perfeita harmonia, distinguindo-se uns dos outros apenas em nível energético.

Quando falamos ciclo do contato ou ciclo de consciência, não estamos representando ou apresentando formal e exclusivamente esse self, mas o contato em forma circular no modelo de um ciclo. Não é self que é a figura do ciclo do contato – é a expressão do contato que está em questão. Self e ipseidade são sistemas energéticos que controlam a distribuição do contato ao longo do ciclo. Self é a entidade que se expressa por intermédio desses processos de contato ou de interrupção do contato, pois, na realidade, introjeção–mobilização, por exemplo, são formas de contato, não formas de self, uma indo em uma direção e outra em outra, mas sem perder a dimensão de que ambas são formas complementares ou polares de contato. Self e ipseidade são, portanto, sistemas que coordenam esses três momentos da expressão da Personalidade: id, ego, personalidade.

O ciclo do contato é um ótimo modelo para representar a circularidade do contato do tempo vivido, enquanto o tempo cronológico é mais bem representado por linhas retas, buscando um futuro que nunca virá. O círculo é uma figura perfeita, central máxima de energia, porque a energia circula nele livremente e sem empecilhos. O universo é circular. As danças primitivas são circulares, as choupanas dos índios são circulares, a evolução é circular, os ciclos evolutivos se repetem carregados das modificações que sustentaram seus processos de crescimento evolutivo.

Nada melhor que o círculo para representar o "ciclo–figura–fundo" no seu eterno processo de volta ao ponto inicial que é todo o ciclo, o que é muito bem representado no ciclo holográfico do contato, no qual cada ponto do ciclo repete todo ciclo, na mais perfeita impermanência e circularidade. Não se pode conceber figura–fundo num modelo linear, o qual, por sua natureza, não é nem figura nem fundo, mas apenas um vetor, num campo em direção ao futuro, sem uma estação de chegada.

Acreditamos que, se o fundo antecede à figura, a qual desaparece no surgir de uma nova necessidade, e se predispõe a produzir uma nova figura, fica difícil visualizar uma reta, indo e voltando, indo quando é figura e voltando quando é fundo. Nesse modelo, o movimento vetorial do campo seria impossível.

É importante lembrar que, no nosso modelo de ciclo, não estou tratando do ciclo em si, mas do processo de contato que ocorre em ciclos e é circular. Por isso não se pode falar apenas de ciclo como o da Figura 1, da mesma forma que também não estou tentando explicar a complexa realidade do fazer contato apenas por meio do modelo da citada figura. Falo, no meu modelo, de um conjunto de ciclos que, juntos, criam uma teoria do contato por intermédio do self como processador de contatos, modelo esse explicitado pelos diversos outros que apresento em meu livro O ciclo do contato *(Summus, 1997).*

O tempo linear é cronológico, o tempo cronológico é linear. O tempo vivido é circular. O tempo cronológico visa ao futuro, o tempo vivido envolve passado, presente e futuro.

O tempo cronológico é como uma nave sulcando o infinito à procura de um futuro que nunca chega, porque o futuro é como o horizonte, sempre se expõe quando se aproxima dele. O tempo linear cronológico não tem passado, é como a fumaça de uma nave que, quanto mais busca o futuro, mais sua fumaça (o passado) desaparece. Esse tempo linear cronológico é um tempo matemático: ele quer sempre saber de quanto tempo o tempo precisa para atingir o futuro.

Mas esse querer não é propriedade do tempo, mas de quem programa o tempo, pois ao tempo não interessa de quanto tempo ele precisa para atingir o tempo passado ou o tempo futuro. O tempo linear cronológico é um tempo que só vai, não leva nada com ele, porque não retorna ao seu ponto de partida – e essa é a função do ciclo e da circularidade.

O tempo vivido é um tempo circular, vai sempre para a frente, retornando sempre ao seu ponto invisível de partida. É como um rio circular correndo sempre nas mesmas margens, mas a cada retorno passando diferente pelo seu anterior ponto de partida, trazendo toda a experiência de seu percurso. Cresce sempre, se avoluma sempre, sem perder sua continuidade, sua identidade. É sempre o mesmo, modificando-se cada vez mais.

Esse tempo vivido pode ser visto como um "id" em seu campo sensório–afetivo, rico de lembranças e sensações; pode ser visto como um "eu" em seu campo motor, rico de movimento e mudanças; pode ser visto como "personalidade" no seu campo de conhecimento e valores, rico de presença e de experiência, porque expressa o tempo vivido pelo sujeito.

O tempo vivido por meio da riqueza de sua circularidade apresenta também quatro grandes dimensões: ele é um tempo experimental, *que é o "que" acontece com e no sujeito no tempo aqui e agora;* é um tempo experiencial, *que é o "como" tudo acontece aqui e agora;* ele é um tempo existencial, *que é o "para que" acontecem as coisas aqui e agora; e* é um tempo transcendental, *que é o tempo sem tempo, o tempo do sagrado, do além, sem tempo e sem espaço. E, nessa função, não se pode pensar em função temporal do self ou em temporalidade do self.*

Não se pode falar de figura–fundo no tempo linear, pois esse tempo é um tempo sempre presente, instantaneamente presente; ele não tem passado, é novo a cada instante, porque o tempo linear é também cronológico, de minuto após minuto. É um tempo matemático.

O tempo vivido é fruto da relação figura–fundo, cujo movimento é sempre de um processo circular, eternamente se renovando; é fruto de passado (fundo), do presente (agora), do futuro (figura). As divisões subsistêmicas "id–ego–personalidade" são processos do tempo vivido e entendidas, uma em relação à outra, como figura e fundo. Esses três subsistemas do self são inter e intra-relacionais, ficando difícil precisar qual é figura e qual é fundo. É a dinâmica presente que nos permite pensar um ou outro como figura ou como fundo.

Nada representa melhor o conceito de espaço vital que o círculo, porque nele tudo está contido. Não podemos pensar em temporalidade sem pensar em espacialidade. Self só é temporal porque é espacial. Ele ocorre num tempo espacial. É o espaço que dá visibilidade ao tempo. No espaço vital está tudo incluído: as variáveis psicológicas e as não-psicológicas, cuja soma relacional cria a totalidade, que é a essência em forma de existência.

Um ciclo não são eventos que se sucedem, pois cada evento é um ciclo e todos os eventos são um ciclo. Um ciclo é um evento, não são etapas sucessivas de eventos, mas um campo possível, no qual passado, presente e futuro se encontram. Da mesma forma que o "id" (isso) é carregado de passado, como ponto de partida de uma complexidade de processos sensório-afetivos, o "ego" (eu) é carregado de presente pelo movimento, pela ação e interação pessoa–mundo que ele representa, e a "personalidade" é carregada de futuro, enquanto representa a imanência madura da pessoa se lançando por meio da transcendência para a superação de si mesma.

O Dicionário Houaiss, *entre vinte definições de ciclo, dá a seguinte: "3. conjunto de fatos, de ações, de obras que se sucedem no tempo e evoluem, marcando diferença entre o estágio inicial e o estágio conclusivo".*

Definição perfeita para o que chamamos de ciclo do contato ou ciclo de bloqueios de contato ou ciclo de consciência, porque contempla a questão da temporalidade e da espacialidade da existência como tal, e como um todo em permanente evolução.

Vou repetir isto ao infinito: tudo no universo é circular e acontece em ciclos; esse é o modo como o universo se auto-regula energeticamente, criando novas figuras e transformando aquelas cuja capacidade de criação se esgotou. O universo é contato, é formação, renovação e transformação de figura, não destruição. O cosmos não destrói nada, nele tudo se transforma. Formar, renovar e transformar figuras é a lei cósmica da evolução, baseada no contato inter e intra-relacional, a partir do qual vão se criando os todos, que são megaespaços vitais cósmicos que presidem à evolução do universo. O universo é o máximo campo e nele milhares de subcampos ou subsistemas se organizam a partir das necessidade evolutivas da formação e transformação de figuras. O fundo funciona como uma totalidade caótica, porque nele as partes são indiferenciadas por falta de uma demanda de crescimento ou de evolução. Tão logo uma parte é afetada energeticamente por uma necessidade, ela se transforma em figura. Parte e todo, figura e fundo e necessidades são os instrumentos de contato construtores de novas realidades. Essas movimentações formam os ciclos evolutivos no universo por meio de macroprocessos e, no homem, por meio de microprocessos, mas estes sempre e em total dependência inclusiva no universo. Nada evolui sozinho. Cada parte, obedecendo ao seu instinto teleológico, evolui como um exército em ordem de batalha, sempre para o alto e para a frente.

O contato se estabelece por intermédio da relação figura e fundo e figura–fundo que a realidade vive por suas necessidades evolutivas.

Self e ipseidade são estruturas processuais em permanente experiência de ser figura ou fundo em relação a um sistema maior. Ipseidade é um sistema em evolução, tendo no contato seu existencial combustível de mudança.

O ciclo representa o próprio movimento do universo, enquanto o universo é pensado como algo vivo, em crescimento, em evolução, que ocorre circularmente, em ciclos.

Como no ciclo do contato, o universo *flui*, num eterno processo criativo de procura de novas figuras; ele *sente* e, como uma mulher com dores de parto, grita das mais diversas formas; ele tem *consciência* que se manifesta por meio de uma ordem cósmica perfeitíssima; ele se *mobiliza*, pois tudo no universo é movimento à procura do gesto criador e transformador; ele *age* por intermédio de uma série infinita de produções; ele *interage* na mais perfeita harmonia com todos os seus seres; ele faz *contato* permitindo a todos os seus seres se auto-regular e conviver numa relação de total cooperação; ele se *satisfaz* nas mais belas produções, que vão desde o nascimento de uma formiga até o perfume de uma flor, de uma manhã ou tarde esplendorosa. E ele descansa, se *retira* sempre que a liberdade humana se faz necessária como forma de evolução e, de novo, se prepara para mais um ciclo evolutivo.

A plenitude do universo se realiza no ciclo saudável do contato, mas também ele, como um ser vivo, apresenta, por vezes, seus bloqueios, embora, diferentemente dos humanos, esses bloqueios sejam formas complexas de se auto-regular no processo evolutivo. Ele pára, se *fixa* na espera evolutiva da transformação; ele se *dessensibiliza*, não respondendo momentaneamente às agressões que os humanos provocam, à procura de um seu tempo de responder; ele *deflete*, faz de conta que não sente, que não chora, deixando os humanos pensar que são imunes à punição cósmica; ele *introjeta*, sofre calado, silencioso, como se não tivesse um poder de resposta, um poder de fogo acima da compreensão humana; ele *projeta* quando fica bravo, por meio de tufões, vulcões, raios e tempestades; ele *proflete,* sendo um eterno negociador, aceita carinhos humanos como adubos, até queimadas que transformam seu normal fluir, para que os humanos imaginem estar consertando possíveis desequilíbrios da natureza; ele *retroflete*. Que pena, não sei se ele está se esfriando ou esquentando. Dizem até que partes suas desaparecerão; ele é *egoísta*. Não, isso não, isso ele não é, ou é, ou será?, às vezes, talvez siga sua marcha inexorável, doa a quem doer, ah! E ele *conflui*, ah!, isso sim, ele é como uma mãe amorosa: não tem jeito, por mais que o filho apronte, ela está ali juntinho, esperando que o filho cresça, para só então se *retirar*.

O ciclo tem um self no seu centro e, pergunto, tem o universo um self no centro de seu ciclo?

Tem. Nada mais que o universo, como um ser vivo, tem uma profunda consciência de si mesmo, de sua ipseidade ainda em evolução, como no ser humano. E, da mesma maneira que self e ipseidade são os mais complexos e perfeitos sistemas na pessoa ou da pessoa, assim a pessoa humana é o mais complexo e perfeito sistema do universo. Na pessoa humana, todo o universo se recapitula.

É por essas razões, baseadas na psicologia da Gestalt (parte, todo, figura, fundo), na teoria do campo (o universo como um campo de equilíbrio, de energia, como um espaço vital), na teoria holística (toda a questão da totalidade), vistas na sua radicalidade fenomenológica, que não se pode pensar self apenas a partir de um foco linear de temporalidade. Self é temporal, é espacial, e se expressa circular, não linearmente. O ciclo do contato humano e cósmico. Mais que uma linha, expressa, até visualmente, a temporalidade e a espacialidade a que todo ser e o próprio universo estão submetidos. Uma linha vai na direção do futuro, do imaginário, não é figura nem fundo, é apenas um vetor indo para a frente sem destino.

O ciclo, ao contrário, é a realidade acontecendo, e que, por analogia, poderia expressar self da seguinte forma: o "id" (isso) é o ontem, o "ego" (eu) é o agora, a "personalidade" é o amanhã. Isso se olharmos esses subsistemas como espacialidade, mas, se os olharmos como temporalidade, cada um contém os outros dois, e não se sabe até onde vai um sistema e começa o outro: uma criança pode ter uma grande personalidade (no sentido do ciclo) e um adulto pode estar vivendo ferrenhamente seu id.

Pode-se pensar filosoficamente self como um processo temporal, mas acontece que o self não é apenas um processo temporal, é uma entidade, uma coisa, estrutura e processo; portanto, tem de ser pensado também espacialmente. Do ponto de vista psicoterapêutico, pensar apenas a dinâmica temporal do self não nos leva a lugar nenhum, pois o cliente que está à nossa frente não é um self temporal, é uma pessoa–corpo, ocupando assim tempo e espaço no mundo real. E, nesse mundo real descritivo, é o espaço e não o tempo que nos permite descrever a realidade. Tempo é um adendo do espaço.

Self não é apenas um retrato falado. É um retrato falando. Por exemplo, imagine seu retrato na parede. Você está olhando para ele e, de repente, ele fala com você, como algo que transcende a própria moldura, que é vivo, que pode ser visualizado pela sua voz, pelos seus gestos, pela sua imagem esculpida no e pelo tempo.

Ele é contato, ele é consciência de si mesmo no mundo, é ajustamento criativo. Um atributo personalizado que reconhece a si mesmo e se expressa por meio do Eu. Ninguém nunca viu a memória, a inteligência; no entanto, elas existem e se expressam como atributos do corpo. Assim é self, só que em nível mais sutil, como um atributo da Personalidade.

Conclusão

Todo conceito tem de ter uma base epistemológica que lhe dê sustentação, por isso tenho indagado em que bases o conceito self tem se apoiado. Tenho tentado reconduzi-lo aos meandros da psicologia da Gestalt, da teoria do campo, da teoria holística e da fenomenologia.

A primeira questão a ser colocada foi: cabe o conceito de self na visão fenomenológica do que entendemos por teorias de base da Gestalt-terapia? A resposta pode ser sim, porque self tem uma clara dimensão temporal-espacial. Diga-se de passagem que não se pode confundir self com Gestalt. Da mesma forma que self é um atributo da Personalidade, self é um atributo da Gestalt. Ele é uma entidade, como a memória, embora não tenha vida própria, mas é um sistema em um sistema maior. Não é o self que legitima a Gestalt-terapia, é a Gestalt-terapia que legitima o self. Para que possa existir legitimamente, ele, necessariamente, tem de estar imbricado na noção de Gestalt, bem como confluir com conceitos e construtos que dão sustentação epistemológica à Gestalt-terapia.

Self, portanto, terá sentido e se tornará defensável na razão em que se enquadre dentro das teorias e filosofias de base. Fomos por partes e não é nossa intenção esgotar as possibilidades de que self seja um construto bem-vindo à Gestalt-terapia, até porque, se parássemos aqui, acredito que já teríamos feito uma longa e pertinente defesa de self do ponto de vista epistemológico.

A metodologia até aqui foi ver se tudo que temos dito de self recebe significação e justificativa dos principais conceitos de cada uma das teorias de sustentação da Gestalt.

Observando as ciências da Natureza, da Vida e da Mente, poderemos extrair de cada uma delas um conceito específico e particularmente importante, ou seja: do primeiro, quantidade; do segundo, ordem; e, do terceiro, significado (*Sinn*, em alemão). Assim, nossa psicologia deve ter um lugar para todos esses conceitos. Examinemo-los um por um (Koffka, 1975: 25).

Nossa proposta é exatamente a mesma de Koffka: feita já uma longa caminhada com o conceito self, ultrapassá-lo, construindo e constituindo uma conceituação, epistemologicamente defensável, que justifique a introdução do conceito ipseidade como bem-vindo à Gestalt-terapia. Estamos propondo um termo que, sob análise, possa ter dimensões de quantidade, de ordem e de significado.

Vamos, daqui para a frente, mostrar sempre a perspectiva de que ipseidade transcende o conceito self. Comprovar a possibilidade epistemológica da existência de self é quase comprovar a conveniência do conceito ipseidade. Justificar ipseidade epistemologicamente significa justificar self na dimensão até o ponto em que ele pode se expressar.

A ciência encontrará gestaltes de diferentes ordens em diferentes domínios, mas nós afirmamos que toda e qualquer Gestalt tem ordem e significado, em maior ou menor grau, e que, para uma Gestalt, quantidade e qualidade são a mesma coisa. Ora, ninguém negaria hoje que, de todas as gestaltes que conhecemos, as mais ricas sejam as da mente humana; portanto, é sumamente difícil e, na maioria dos casos, ainda possível expressar sua qualidade em termos quantitativos mas, ao mesmo tempo, o aspecto de significado torna-se mais manifesto aí que em qualquer outra parte do universo (*ibidem*).

Gestalt é, portanto, quantidade, qualidade, significado, valor, ordem, em cujos conceitos se encontram os grandes problemas mente–corpo, vida–natureza, e toda essa realidade está em íntima conexão e metafisicamente integrada. É a partir daqui que qualquer conceito tem de ser entendido e receber legitimidade.

Estamos falando de dois conceitos básicos: self e ipseidade.

SELF. Estamos falando de um self definido como sistema de contato, como uma entidade que dá consistência e unidade ao funcionamento da Personalidade, como algo que regula os diversos sistemas de contato do ou no organismo humano, como algo que é o "si-mesmo", que me permite olhar e me reconhecer como um indivíduo diferente de qualquer outro. Mas, paralelamente, a nossa pergunta vai continuar a mesma: como self consegue fazer isso? E para respondê-la estamos também tentando responder a uma questão anterior: o que é self, quais são os seus instrumentos de trabalho? Self é uma coisa, um construto, uma abstração?

IPSEIDADE. Ipseidade é, usando a linguagem de Smuts, um órgão da mente, uma estrutura mental em permanente estruturação, cujo processo evolutivo registra as mesmas séries evolutivas pelas quais passou o universo, desembocando na individualidade absolutamente singular e única de cada sujeito. Ao mesmo tempo que ipseidade se expressa por meio da pessoalidade, isto é, do jeito único e singular de cada indivíduo existir, ela também coordena o processo evolutivo de cada indivíduo, selecionando, existencialmente, tudo que concorre para a produção da plenitude de cada indivíduo, incorporando nessa totalidade todos os ganhos do processo evolutivo singular e individual de cada um. Ipseidade é síntese cósmica de contatos.

Mais um recado: deve ficar claro que as chamadas teorias de base da Gestalt-terapia não são formas de psicoterapia.

Psicologia da Gestalt, teoria do campo e teoria holística são ciências ou epistemologias disponíveis para ser usadas como base para inúmeros e diferentes campos do saber da Gestalt-terapia.

Porém, Gestalt-terapia, além de ser uma arte, um método, tem de ser também uma ciência, e só encontra esse nível conceitual quando acoplada a pressupostos científicos já epistemologicamente estabelecidos e acreditados. É nesse sentido que as chamadas teorias de base ou filosofias de base são os eixos epistemológicos de nossa prática psicoterapêutica.

DA IPSEIDADE

Introdução

Seguindo o pensamento e a proposta metodológica de Garcia-Roza e Lewin, vamos iniciar uma nova caminhada para aprofundar o conceito ipseidade, um conceito pouco usual para a maioria de nós, gestaltistas. Como um processo final de construção e constituição de nossa identidade singular, ipseidade é o resultado de todos os contatos que fizemos ao longo da vida e que terminaram por nos dar esse rosto e essa cara, que sentimos no mais íntimo de nosso ser, com os quais nos apresentamos ao mundo e que, provavelmente, as pessoas identificam em nós como sendo nossas características comportamentais. Mas ipseidade não é nossa auto-imagem, uma coisa parada, estática, estacionada, ela está em permanente construção e constituição de si mesma. A cada contato, uma nova ipseidade, que mora em todo o meu ser, que sou eu por inteiro, se põe em marcha, sem perder nada daquilo que, agora, a caracteriza. Ela é, portanto, contato em ação e geradora de contato. Ela é fruto de um amplo contato, que vai desde o cantar de um pássaro, do olhar uma formiguinha carregando sua folha verde, até um Tsunami, fruto de milhares de variáveis cósmicas e humanas em contato. Como o self, mas diferente dele na extensão de seu fluxo de ação, ipseidade é contato, fruto de contatos e geradora de contato.

Quando, no silêncio do nosso ser, nos perguntamos "Quem sou eu?", às vezes ficamos sem resposta e, outras vezes, tateamos à procura de uma. Não obstante toda a dificuldade de responder, muitas vezes até sem percebermos, temos uma profunda sensação de quem somos. Algo indefinível e real ao mesmo tempo. Às vezes vem como uma intuição passageira; outras, como um dado, como uma consciência comovente e comovida de nosso sentido e significado. Às vezes, algo pequeno e fugaz; outras vezes, algo imenso e de macia solidez.

A essa consciência, a essa sensação estou chamando de ipseidade, sistema cósmico de contato, fruto de contatos e produtora de contatos. Sensação estética de fechamento e abertura, de privação e abundância, e algumas vezes de encantamento por nós e pela nossa caminhada.

Psicologia da Gestalt e ipseidade

Embora a Gestalt-terapia tenha esse nome, não é da psicologia da Gestalt que a Gestalt tem recebido sua maior fundamentação. Entendo a psicologia da Gestalt como um grande fundo teórico disponível à Gestalt, mas disponível também a outras áreas do conhecimento, que ali encontram linhas e conceitos mestres a serem desenvolvidos, inclusive por meio de pesquisas qualitativas e quantitativas.

Eis alguns dos grandes temas da psicologia da Gestalt: campo e comportamento; campo e ambiente por meio da organização visual e suas leis; campo e ambiente na sua relação com figura–fundo e estrutura campo–ambiente; a questão das constâncias, do campo ambiental e sua relação com tempo e movimento; questões gerais ligadas à ação no que se refere ao ego, ao comportamento, a atitudes e emoções; a questão teórica e prática da memória; a questão da aprendizagem e memória, sociedade e personalidade.

A questão agora é saber como o conceito de ipseidade se enquadra nesse campo teórico representado pela psicologia da Gestalt.

Yontef propõe que self seja sempre um pronome, não um nome. Nesse caso, self não teria identidade por si mesmo e, como tal, não teria lugar na psicologia da Gestalt, nem nas demais teorias. Não obstante certa falta de identidade do self, foram sendo atribuídos a ele milhares de funções e um *status* de substantivo. A esse self com mais atribuições do que ele pode conter estou chamando de ipseidade, que, na qualidade de substantivo, pode representar a realidade como uma totalidade, uma realidade construída e constituída, pois todo e qualquer conceito operacional nasce, clinicamente, de uma teoria e precisa ser por ela legitimado.

Ipseidade se enquadra perfeitamente no vasto campo teórico da psicologia da Gestalt.

1. Ipseidade, como um subtodo, um subsistema, uma parte no todo que se chama pessoa, pode ser compreendida a partir da noção todo–parte, na qual pode ser considerada sob diversos aspectos.

2. Ipseidade é um subcampo dentro de campo maior. Campo aqui vem definido como um sistema de ações, de funções, em movimento e acionado por energia de forças.

3. À noção de ipseidade podem se aplicar analogicamente conceitos como campo ambiental e sua relação com tempo e movimento, a questão das constâncias dos campos comportamentais, questões ligadas a comportamento e percepção, conceitos estes, entre outros, por meio dos quais o construto ipseidade pode ser perfeitamente visualizado e operacionalizado.

> Assim, o campo e o comportamento de um corpo são correlativos. Como o campo determina o comportamento dos corpos, esse comportamento pode ser usado como indicador das propriedades do campo. O comportamento do corpo, para completar nosso argumento, significa não só o seu movimento em relação ao campo, mas refere-se igualmente às mudanças que o corpo sofrerá; por exemplo, um pedaço de ferro ficará magnetizado se for colocado num campo magnético (Koffka, 1975: 54).

Podemos distinguir duas espécies de comportamentos: *o molar*, como a freqüência às aulas, a chegada a um teatro, "em resumo, todas as inúmeras ocorrências de nosso mundo quotidiano a que o leigo chama de comportamento" (Koffka, 1975: 37) – ele ocorre num meio ambiente, num contexto externo; o *molecular*,

"processo que se inicia com uma excitação na superfície sensorial de um animal, é transmitido por fibras nervosas aos centros nervosos, transferido para os novos nervos eferentes e termina numa contração muscular ou numa secreção glandular" (Koffka, 1975: 37-8).

"Ocorre dentro do organismo e somente é iniciado pelos fatores ambientais a que se dá o nome de estímulos" (idem, 1975: 39).

Mas todo e qualquer dado é um dado comportamental; a realidade física não é um dado, mas um construto (idem: 47).

Não há mudança de movimento sem uma força (idem: 54).

Nenhuma ação, nenhuma tensão (idem: 55).

Ipseidade se coloca dentro dessas dimensões de princípios e de conceitos, no sentido de que é um dado para o comportamento, afetando o desenvolver da personalidade; como um princípio holístico é uma força em permanente mudança; é uma ação, um agir constante no sentido de estar sempre encaminhada para uma finalização do seu desenvolvimento.

De outro lado, se queremos estudar o comportamento como um evento no campo psicofísico, devemos adotar as seguintes medidas:

1. Devemos estudar a organização do campo ambiental, o que significa que devemos descobrir (a) as forças que o or-

ganizam, em seus objetos e eventos separados; (b) as forças que existem entre esses diferentes objetos e eventos; e (c) como essas forças produzem o campo ambiental, como o conhecemos em nosso meio comportamental.

2. Devemos investigar como essas forças podem influenciar os movimentos do corpo.

3. Devemos estudar o ego como uma das principais partes do campo.

4. Devemos mostrar que as forças que ligam o ego às demais partes do campo são da mesma natureza que as que existem entre diferentes partes do campo ambiental, e como comportamento, em todas as suas formas.

5. Não devemos esquecer que nosso campo psicofísico existe dentro de um organismo real que, por sua vez, existe num meio geográfico. Dessa maneira, as questões da verdadeira cognição e do comportamento adequado ou adaptado também entram em nosso programa (Koffka, 1975: 78-79).

O corpo é um campo ambiental, um sistema de ações, tensões, movimento, acionado por forças em um campo maior. O corpo é contato; nele os movimentos molares e moleculares produzem o comportamento real, fenomênico ou aparente. Ipseidade é um subcampo interno no corpo e do corpo, sujeito às mesmas oscilações energéticas que o corpo–pessoa. Se se conhece como a ipseidade funciona, sabe-se que propriedades esse campo possui. Ipseidade tem de ser pensada como função do campo comportamental, no qual o meio comportamental e o meio geográfico se imbricam na produção de um resultado que revela a totalidade da pessoa.

Ipseidade pode ser considerada, portanto, um sistema de contato no campo psicológico que se expressa por meio de ações, de movimentos que demandam uma finalização. É um campo de forças que organiza o corpo–pessoa, ou seja, o "campo–ambiental–humano", por meio de seus objetos e eventos. Essas forças influenciam os movimentos internos e externos da pessoa, como variáveis psicológicas e não-psicológicas.

Os diversos níveis de contato da ipseidade por intermédio dos sistemas do self são, entre si, da mesma natureza, bem como são da mesma natureza das forças do campo ambiental. Os diversos níveis de contato no organismo são reflexos das relações de força do organismo com o meio comportamental.

> O campo físico é o campo da geografia e nós mostramos que o comportamento deve ser explicado pelo meio comportamental, que é aquele onde de fato a pessoa se encontra. [...] Pois a ação pressupõe campos heterogêneos, campos com linhas de força com mudanças de potencial (Koffka, 1975: 54-55).

A ipseidade é, mais que self, um "campo com linhas de força com mudanças de potencial".

Essa idéia é fundamental para entender em que sentido ipseidade é contato e fruto de um contato entre o meio geográfico e o comportamental, entre os quais existe uma relação causal.

Partindo do princípio de que "o espaço, do ponto de vista funcional, nunca é puramente visual", e que "o espaço comportamental é uma organização muito mais abrangente, apoiada em outras forças além da visual, notadamente nas que têm origem no órgão vestibular do nosso ouvido interno, e que derivam do chamado sentido de profundidade" (Koffka, 1975: 132), pergunto-me se seria válido, ao falar de ipseidade, tentar aproximar esse conceito das chamadas "não-homogeneidades descontínuas de estimulação, linhas e pontos", ou seja, algumas das chamadas leis da organização da percepção: fatos de fechamento, boa forma, boa continuidade, proximidade e igualdade, pregnância e outros.

Com certeza é possível aproximar ipseidade de todos esses fatores de organização perceptual, porque, como vimos, da mesma forma que o espaço nunca é puramente visual, ou seja, ele contém informações que são cognitivas, emocionais e motoras, também ipseidade pode ser vista a partir de leis que regem o modo como a organização de nossa percepção implica o jeito como nos comportamos.

Ipseidade pode ser vista como a expressão existencial de como as leis da organização da percepção foram se fazendo no processo seletivo tanto do cosmos como, particularmente, desse específico indivíduo.

Na realidade, não estamos habituados a fazer essas pontes, porque raramente pensamos um conceito como um instrumento de trabalho, como algo que operacionaliza nosso comportamento terapêutico, por exemplo. No seu processo evolutivo, ipseidade viveu todos esses momentos, porque, também, todos esses momentos são as leis que regem os campos energéticos da percepção em forma de contato.

Por analogia, podemos dizer que ipseidade, do ponto de vista "evolutivo-experimental-existencial", passou por todos esses momentos de fechamento, de boa forma, de boa continuidade, de

proximidade e igualdade, de pregnância, como processos consti-
tutivos da identidade singular de um sujeito no mundo a partir
de como esse processo, que é sempre inteligente, "percebeu" essas
leis e as organizou no mundo ambiente ao seu redor.

Mas até esses humildes objetos revelam que nossa realidade [*se me fosse permitido usar parte da citação em questão,*
trocaria "realidade" por "Ipseidade"] não é mera coleção de
fatos elementares, mas consiste em unidades, nas quais nenhuma parte existe *per se*, onde cada parte aponta para
além de si mesma e implica um todo mais vasto. Os fatos e
o significado deixam de ser dois conceitos pertencentes a
domínios diferentes, visto que um fato é sempre um fato
num todo intrinsecamente coeso. Não poderíamos resolver problema algum de organização resolvendo-o separadamente para cada ponto, um após outro; a solução tem de
ser encontrada para o todo. Assim, vemos como o problema de significação está intimamente vinculado ao
problema da relação entre o todo e suas partes. Já foi dito:
o todo é mais do que a soma de suas partes. Seria mais
correto dizer que o todo é alguma outra coisa que a soma
de suas partes, porque somar é um procedimento vazio de
significado, enquanto a relação todo–parte é significativa
(Koffka, 1975: 186).

É assim que vejo o processo de formação da ipseidade.
Ao mesmo tempo, dificilmente Koffka poderia ter falado
mais adequadamente sobre holismo, sobre esse todo diferente da soma de suas partes. Ipseidade não é um conjunto de fatos elementares, é a finalização da conjugação
de unidades, de subtodos dentro de e em profunda harmonia com uma totalidade maior.

Usando parte da citação em questão, eu diria que: "...Ipseidade não é mera coleção de fatos elementares, mas consiste em unidades, nas quais nenhuma parte existe per se, *onde cada parte aponta para além de si mesma e implica um todo mais vasto". Na nossa concepção, self e ipseidade não são partes* per se, *mas ambas apontam para além delas mesmas e implicam um todo mais vasto.*

Tudo isso também tem a ver com a discussão básica da psicologia da Gestalt, no que se refere a três conceitos fundamentais das ciências dos três domínios convergentes: quantidade, ordem e significado, que, por extensão, têm a ver com a questão da temporalidade e da espacialidade, fundamentais para a compreensão do conceito de ipseidade.

A relação entre quantidade e qualidade é altamente significativa como aspecto de um mesmo princípio. A lei de pregnância, por exemplo, tem, ao mesmo tempo, um caráter qualitativo e quantitativo.

> Como princípio máximo–mínimo está vinculada ao primeiro e, como princípio de simplicidade, ao segundo [...] Nosso conhecimento qualitativo é diferente desse desejável conhecimento quantitativo em grau de precisão, mas não em espécie. [...] Vivemos em um mundo perfeitamente estável e ordenado, apesar da desnorteante complexidade espacial e temporal da estimulação. Meus olhos perpassam com extrema velocidade e precisão espaços, cores, objetos, em rápida sucessão e sem qualquer ordem. Tudo, entretanto, continua no mesmo lugar, "embora experimente uma mudança" dentro de "mim mesmo", sentindo meus olhos perpassarem pelos objetos estacionários (Koffka, 1975: 185).

Todas essas leis da organização perceptual são necessárias para que as coisas possam ser vistas e mudanças fenomênicas possam ser produzidas e percebidas. Elas conferem beleza e significado à realidade por nós percebida. Quebrá-las é uma violência e provoca em nós uma inadequação em relação a uma sensação de realidade por conta da perda do significado que as percepções imprimem à vida. Essas leis, como a da boa forma ou da boa continuidade, são fatores importantes na organização e se tornam compreensíveis e visíveis, como uma linha carregando em si sua própria lei (apud Koffka, 1975: 187).

Posso afirmar que quantidade e qualidade, ordem e significado são também configurações das leis da organização da percepção visual, as quais funcionam como forças que dão origem a essas configurações.

Essas leis, de fato, são formas complexas de contato, envolvendo inclusive complexos processos químicos, físicos e cerebrais, dos quais me eximo de falar por estar ao lado de nossos objetivos. Estou afirmando que quantidade–qualidade, ordem e significado são igualmente leis da organização da percepção, vistas a partir de outro referencial.

"O aspecto das coisas é determinado pela organização do campo a que a distribuição do estímulo proximal dá origem" (idem: 117), não importando se são leis da boa forma ou pregnância, fechamento, quantidade, qualidade ou ordem.

Nosso espaço comportamental é tridimensional, a constância de cor e tamanho é fruto dessa organização, e isso são propriedades do mundo comportamental que, por sua vez, é fruto de uma formação unitária produzida por essa complexa e ordenada organização.

Ipseidade, awareness *máxima de uma autopercepção do mundo, é o resultado provisoriamente final de todos os contatos que fazemos ao longo da vida. Como tudo no universo, está em processo de evolução e, conseqüentemente, participa da quantidade–qualidade, da ordem e do significado, atributos construtores de toda totalidade. É fruto da quantidade–qualidade de nossos contatos, da ordem estacionária e dinâmica da relação "coisa–pessoa–mundo", e do significado de todos esses processos de organização visual por meio dos quais percebemos o mundo e o mundo faz sentido para nós. Não é uma entidade vazia, pobre, mas rica de significados que emanam da história construída por ela no corpo–pessoa à procura de visibilidade e identidade, no mais complexo processo evolutivo.*

Figura–fundo e estrutura

Quero fazer agora uma reflexão sobre o conceito figura–fundo e sua relação com a questão da estrutura. Esse conceito traduz a fluidez e a impermanência próprias da Gestalt-terapia, mas tem sido usado de maneira superficial, da mesma forma que os conceitos de aqui e agora, fronteira e outros, de cuja radicalidade conceitual pouco se fala. Se não se entende um conceito ou se ele não está suficientemente claro, de nada serve, e nós, autores, precisamos dotá-los de compreensibilidade para que se tornem úteis e operacionalizáveis.

Um conceito tem de ser como um órgão humano. Figura–fundo, por exemplo, não é diferente de pulmão ou coração, pois conceitos são apenas aspectos ora físicos ora existenciais de uma mesma realidade humana. Da mesma forma que não se pode tratar imprecisamente o coração, também não se pode tratar imprecisamente figura–fundo, sob pena de lesar a totalidade humana. Embora não possamos falar de "figura–fundo" sem falarmos de "figura e fundo", neste contexto específico estamos falando de "figura–fundo".

A segunda observação nesse item é que a realidade, o campo geográfico e comportamental são feitos de não-coisa e de coisa. "Não-coisa" é algo completamente homogêneo, igual ou por igual, que enche determinado espaço, por exemplo: a neblina. "Coisa", entretanto, é algo que tem um atributo: contorno bem formado. Neblina (não-coisa) não tem um contorno, uma moldura. Casa tem contorno, é coisa. Mas em meio à "coisa e à não-coisa", existe algo que é a estrutura, fundamental para compreendermos o que é uma coisa e uma não-coisa.

124 JORGE PONCIANO RIBEIRO

Uma terceira observação, esta mais delicada, é a de que, quando falamos de "formação e destruição de figuras e ou gestalten", não estamos falando, aparente e tradicionalmente, do mesmo processo de quando falamos figura–fundo em psicologia da Gestalt. Parece que, quando falamos de "formação e destruição de figuras", abandonamos o aspecto espacial que é próprio da psicologia da Gestalt. No primeiro caso, parece que estamos falando só do processo temporal da formação e destruição de figura e, no segundo, do processo temporal-espacial da formação da figura–fundo, e não necessariamente de sua destruição. Em psicologia da Gestalt, figura e fundo são espaciais e temporalmente relacionais e integrados, não se podendo falar de destruição da figura e gestalten sem que também o fundo seja incluído, pois estamos falando de um processo relacional, não de dois conceitos isolados, separados.

Estamos tentando retornar à psicologia da Gestalt para entender a funcionalidade da figura–fundo e, dessa perspectiva, ver ipseidade, na qual e por meio da qual a relação figura–fundo é instrumento de crescimento e evolução. Em teoria holística, não se perde nada, nada é destruído para se tornar outra coisa, pois, se foi destruído, não tem condições de se tornar nada mais. Acabou.

No processo evolutivo, não se destrói nada. Coisas são abandonadas por outra coisa, e outra coisa vai usar aquela abandonada por esta coisa. E assim caminha o processo evolutivo de formação da relação figura–fundo, que se transforma num macroprocesso de percepção, seja em nível individual, seja em nível cósmico, porque as escolhas evolutivas no universo são fruto da inteligência perceptiva do cosmos.

Essas escolhas não são aleatórias, mas seguem um processo teleológico de escolha de extrema simplicidade, evidência e, ao mesmo tempo, de extrema complexidade. Destruição e formação de figuras ou gestalten é epistemologicamente a não-Gestalt, o não-holismo. Nada é destruído, mas transformado. Uma nova forma é diferente de um novo ser.

Figura e fundo são, antes de tudo, uma questão temporal-espacial, não uma questão de temporalidade filosófica. Só num segundo momento a relação figura–fundo pode ser entendida como uma forma de contato, sobretudo contato clínico.

Figura–fundo é, antes de tudo, um processo fenomenológico de descrever a dinâmica da articulação de figura e fundo, que, sem dúvida, implica uma forma de contato, sem que o conceito de fronteira esteja implícito, mas o de contorno e forma, portanto, o de organização.

Não estamos falando de figura e fundo, estamos falando do conceito unitário, relacional, total, figura–fundo, o que, do ponto de vista epistemológico, é completamente diferente, porque, do ponto de vista da organização, quando falamos de figura e fundo, estamos falando de dois conceitos e, quando falamos de figura–fundo, estamos falando de um único conceito, visto temporal e espacialmente como uma totalidade. Isso, na prática clínica, tem conseqüências completamente diferentes.

Quando falamos de figura–fundo, estamos falando do caráter de campo e holístico da realidade, sem separação, sem dicotomia. Quando falamos de "destruição e formação da figura", destruímos o caráter de campo e holístico da Gestalt-terapia, porque, de fato, a realidade é figura–fundo. Essa é a estrutura da realidade, não figura e fundo, duas estruturas. Se diante de uma "coisa ou não-coisa" procuro distinguir figura e fundo, estou falando de duas coisas ou não-coisas. Se, no entanto, diante de uma coisa ou não-coisa procuro ver a realidade figura–fundo, estou vendo e descrevendo fenomenologicamente uma única e total coisa ou não-coisa. O que muda, nesse caso, é como organizo minha percepção de uma única coisa ou não-coisa que se transfenomenaliza diante da minha percepção e vai adquirindo novas formas, mantendo-se a mesma.

Figura–fundo e parte–todo são processos relacionais e, quando falamos ipseidade, estamos falando que esse conceito é fruto de semelhantes correlações, que primam pelo sentido da inteireza, embora sempre inacabadas, porque, sem mudar, sem deixar de ser elas, se transfenomenalizam quando observadas de diferentes ângulos.

No caso de se falar em figura e fundo ou formação e destruição de figura, rompem-se os princípios "figura–fundo", "formação duo: uma sobre a outra", "representação sem cor" e outros, porque estamos olhando dois fatos: formação e destruição de figuras, bem como formação e destruição de fundo, rompendo-se assim o aspecto espacial da percepção figura–fundo, afirmando-se apenas o aspecto temporal da figura e do fundo, de duas coisas e momentos, não de uma só coisa ou um só momento, de uma Gestalt, enfim.

Quando falamos figura–fundo, estamos trabalhando com contornos de uma coisa ou não-coisa, e, quando falamos figura e fundo, estamos trabalhando com fronteiras. Seria, portanto, mais apropriado falar de contornos do contato, não de fronteiras do contato, porque, quando falamos "fronteira", estamos mencionando duas realidades distintas em contato que se contactam pela periferia; e, quando falamos "contorno", falamos de um campo de variáveis onde tudo está em contato, expressão de uma mesma realidade em observação. Na realidade, quando falamos de "fronteiras", temos apenas a ilusão de saber do que falamos, porque, na verdade, o contato inclui a fronteira, não apenas se dá na fronteira. Contato é uma "não-coisa", portanto, está muito mais para ter contornos que fronteiras.

Quando falamos em "contorno", não falamos em formação e destruição de gestalten, mas apenas em mudança do campo de observação, a partir do qual uma realidade é observada. Não dividimos a realidade, mas mantemos sua unidade estrutural, porque percebemos a totalidade como figura, não a forma, apenas espacial, da coisa observada.

Assim, podemos, com toda propriedade, falar "contornos da ipseidade", não "destruição e formação da ipseidade". Ipseidade é estruturalmente sempre a mesma, mudando perceptualmente para o sujeito e para o objeto. Self, definido como sistema de contato, não é algo que se forma e destrói por meio do contato. É o olhar do sujeito ou do outro que muda o self, mas ele, lá nele, é sempre o mesmo, apenas mudando seus contornos e suas fronteiras. Não existe self verdadeiro e self falso. Existe self, e basta. Como também não existe amor verdadeiro e amor falso. Existe amor. É meu olhar que o classifica de falso ou verdadeiro.

Destruição e formação de figura supõem destruição de estrutura e, nesse caso, nada poderia dar seqüência à realidade evolutiva. E isso, de novo, tem implicações práticas, fenomenológicas e, sobretudo, epistemológicas, pois, destruída a estrutura, o ser perderia sua continuidade temporal-espacial, e não se poderia mais falar dele.

A aplicação clínica da diferença entre contorno e fronteiras é imediata. O cliente está no mundo e, por meio de variáveis psi-

col, *col.* col_og *colológicas e não-psicológicas, ele muda seu contorno, sem jamais deixar de ser ele. Ele não destrói nada nele, não rompe fronteiras, apenas se percebe diferente na sua percepção de si mesmo no mundo e através do mundo. Nada nele se perde, se destrói; tudo se transforma por meio de um novo contorno a partir do qual ele funciona. E tudo isso é contato. Perceber o contorno de algo é perceber sua totalidade. Perceber fronteiras é perceber partes interligadas.*

Imaginemos um lago cujo contorno posso observar, olhando-o de cima, por exemplo. Passam-se os anos e, por mil razões, seu contorno vai se modificando. Seu olhar é aparentemente o mesmo e o lago também; no entanto, ambos não são mais os mesmos, são diferentes. Se, porém, introduzo o conceito fronteira, crio limites claros, definidos. Essa é a diferença entre fronteira e contorno. A fronteira aprisiona, o contorno solta, é estético, é plástico.

Fazer psicoterapia é fazer ou ajudar o cliente a se perceber mudando, a perceber mudando ora seus contornos, ora suas fronteiras, e não destruindo nada. Um contato de campo e no campo passa pela mudança dos contornos internos de como ele se vê e de como ele pensa que os outros o vêem, e não pela destruição de nada dentro dele.

Contorno é contato formado, integrado e integrante; destruição é um contato de outra ordem, sem contorno e sem fronteira, no qual os limites da pessoa não foram observados.

A assimetria que nos interessa agora não se refere somente a figuras-contorno, aplicando-se igualmente bem a figuras de superfície, cujos contornos constituem suas fronteiras. Se modificarmos a fig. 27 de modo a obtermos a fig. 51, ocorre ainda a mesma espécie de organização duo, uma pequena figura semelhante a uma folha sobre um retângulo ininterrupto. O contorno ou fronteira só é realmente uma fronteira para a figura menor, mas não para a maior, uma vez que os pentágonos de cada lado da figura central não são vistos normalmente. Função unilateral da fronteira ou contorno e dupla representação constituem, pois, apenas dois aspectos de um mesmo processo de organização; indicam o estabelecimento de mais de uma área organizada na mesma região do campo (Koffka, 1975: 192).

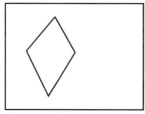 

Figura 27 **Figura 51**
Baseado em Koffka, 1975 p. 164-192

Ou seja, quando se trata de um único objeto, contorno e fronteira se identificam, mas, quando se trata de um plano em que duas figuras se tocam, contorno e fronteira são diferentes.

Portanto, pensando ipseidade como uma única figura de superfície, diríamos que tanto contorno quanto fronteira seriam conceitos adequados para expressar seus limites. Ipseidade pode ser percebida como "uma figura" ou "dentro de" outra, o que chamamos "formação duo", ou como a "pequena figura (no modelo) que está sobre um retângulo, e isso significa que a figura maior não deixa de existir onde está a menor, mas continua por baixo ou atrás da figura menor. Isso significa, ainda, que parte do campo total coincidente com a área da figura pequena está representado duas vezes em nosso campo ambiental, uma vez como a própria figura pequena e uma vez como parte do retângulo maior", o que chamamos de dupla representação.

Esse segundo caso, mais que o primeiro, se aplica perfeitamente à relação de ipseidade com a pessoa, pois poderia dizer que a figura maior (pessoa) continua "por baixo de", "por trás da figura menor (ipseidade)". E, nesse caso, dependendo de que ângulo ou de que perspectiva se quer observar ipseidade, os conceitos de contorno e fronteira serão diferentes. Portanto, se se olhar só ipseidade, vale para ela o conceito de fronteira e contorno, mas, se se olhar ipseidade "dentro ou por trás" da pessoa, devemos distinguir até que ponto ou sob que ângulo estamos falando de contorno da ipseidade ou de fronteira da ipseidade.

Na prática, o jeito como nos acostumamos a falar de fronteira sugere que podemos estar também querendo falar em fronteira da ipseidade, o que não é adequado, se imaginamos ipseidade numa dupla representação, porque aí teremos de falar ou de contorno ou de fronteira. Por isso, neste caso, preferimos o conceito figura–fundo, que abrange tanto a formação duo, como a dupla representação, e aí poderemos falar tanto de contorno, se consideramos ipseidade uma "não-coisa", como de fronteira, se consideramos ipseidade "coisa".

Podemos pensar ipseidade como uma não-coisa, não no sentido de que ela seja só processo, mas no sentido de que não tenha "uma moldura, um contorno claro" como a neblina. Nesse caso, devemos dizer que tanto contorno quanto fronteira precisam ser vistos como limites de algo estruturalmente definível.

Ou podemos vê-la também como "não-coisa", como algo completamente homogêneo, mas sem contorno ou sem um contorno definido, ou como fronteira em algum ponto no qual ela se defina melhor em relação a uma área maior homogênea.

Mas ipseidade pode ser vista também como "coisa". Como "coisa" ela será representada espacialmente como "figura e fundo", como "formação duo", e como "dupla representação", dependendo se queremos observá-la como fronteira, como contorno, ou como os dois, ou seja, se destacamos ipseidade para ser vista como apenas ela, ou se queremos vê-la "na, dentro ou por baixo" da pessoa, ou como os dois.

Tanto "coisa" como "não-coisa" são estruturais, pois, do contrário, não poderiam ser vistas, "delimitadas", e toda estrutura é relacional, portanto, processual. Poderíamos falar talvez de uma dependência funcional da figura–fundo ou, mais precisamente, do fundo como estrutura.

É importante lembrar a distinção antes feita de que, quando dizemos figura e fundo, estamos dizendo algo diferente de quando dizemos figura–fundo. No primeiro caso, estamos falando de dois processos nos quais, de algum modo, um exclui o outro ou é diferente do outro. Quando usamos figura e fundo, estamos mais ligados à questão da percepção, do movimento que parte do sujeito, a partir de uma necessidade sua, de ver isso ou aquilo, não podendo ver os dois ao mesmo tempo. Quando dizemos figura–fundo, estamo-nos referindo a um único processo, a uma única realidade em movimento, independentemente de minha percepção. É como se esse movimento relacional partisse da necessidade interna da coisa ou do sujeito. É um processo que emana da totalidade criativa e criadora da coisa em movimento.

Figura e fundo é lá, o sujeito "vê" a realidade lá. Figura–fundo é aqui, é algo instintivo, quase como um comportamento molecular do organismo que decide sem pedir licença à mente linear do sujeito.

Acredito que a mesma consideração pode ser feita para os construtos parte e todo, dentro e fora, aqui e agora. Na realidade, a linguagem coloquial não nos deixa atentos quanto às diferenças de contato no que se refere a separar essa conjunção e conjugação de palavras-conceitos, como duas singularidades em jogo, quanto a ver os construtos como uma única realidade em ação: parte–todo, figura–fundo, dentro–fora, aqui–e–agora.

No processo evolutivo do qual resulta a ipseidade, como, de resto, tudo no universo, é a relação figura–fundo que provoca as séries de mudanças por meio de um contato organísmico, tipo equalização, próprio de todo organismo em mudança evolutiva.

Os dois processos, entretanto, de figura e fundo e figura–fundo, ocorrem teoricamente na nossa prática gestáltica e nas nossas considerações epistemológicas, só que não podem ser confundidos, pois usar teoricamente um ou outro leva a procedimentos metodológicos completamente diferentes.

Se dizemos figura–fundo, estamos dizendo processo como figura e fundo como estrutura. Se dizemos figura e fundo, estamos dizendo estrutura como figura e processo como fundo. Estar diante de um fenômeno e descrevê-lo implica, necessariamente, saber a partir de qual lugar estamos olhando o objeto em observação. Não podemos nos esquecer de que, no universo, nada é só processo e nada é só estrutura.

Quanto às suas características, a figura depende do fundo sobre o qual aparece. O fundo serve como uma estrutura ou moldura em que a figura está enquadrada ou suspensa e, por conseguinte, determina a figura. Quanto mais generalizamos nosso conceito de fundo, mais aplicação encontraremos para essa regra (Koffka, 1975: 194).

O fundo tem, portanto, um caráter estrutural pela sua influência sobre a forma da figura.

Com isto em mente, podemos agora expressar nossos últimos resultados da seguinte maneira: os contornos que dão forma à figura não dão forma a seu fundo; se este último tem uma forma, deve-a a outras forças que não as que produzem a figura situada sobre ele (ibidem).

Outra observação é que a distinção de figura–fundo, formação duo, dupla representação implica numerosas conseqüências importantes (idem: 188).

Fica claro por essas colocações que temos usado os conceitos de "fronteira", de "figura *e* fundo", de "formação e destruição de figuras" de modo muito generalizado e pouco pertinente, dado que essas palavras-conceitos têm, atrás delas, implicações epistemológicas para com a psicologia da Gestalt.

A própria afirmação de que o contato se dá na fronteira, de que a destruição da figura nasce de uma necessidade, é verdadeira se considerarmos esses conceitos de maneira extremamente analógica, mas não é correta se olharmos que o processo de fronteira e/ou contorno sempre tem a ver com contato, mas não com destruição de contato ou de figuras, até porque o contato se dá no campo e o comportamento pode ter fronteiras ou contornos. Na verdade, o contato se intensifica na fronteira, mas ocorre no campo total.

Podemos chegar a algumas conclusões importantes para a questão da psicoterapia, a partir do exposto:

1. Ipseidade é um subcampo num campo maior. Às vezes, é figura quando estamos olhando para ela a partir de seus subsistemas: isso, eu, personalidade. Às vezes é fundo, quando a consideramos como uma estrutura estruturante da Personalidade.

2. Ipseidade é uma subtotalidade. É uma parte num todo maior, a pessoa. É uma "coisa", se a olhamos sozinha, abstraindo que ela existe "na, dentro, por trás" da pessoa; nesse caso, seria possível falar de fronteira. É uma "não-coisa" se a olhamos como um plano harmonizado, teoricamente com contorno e sem fronteira, como "uma neblina" dentro da pessoa. Ela existe, pode ser vista, pode-se passar dentro dela, mas não tem forma nem contorno, talvez fronteira em algum lugar, quando se sai dela e se confronta com a luz, com a claridade.

3. Ipseidade é um processo figura–fundo que também pode se expressar por meio de figura e fundo, se pensamos nas suas séries evolutivas ou queremos didaticamente conhecer sua caminhada de programação. A dinâmica própria da ipseidade, entretanto, é ser figura–fundo, não se podendo separar o que nela é figura daquilo que nela é fundo.

4. Ela é contato espacial e temporal. Nasce no e do espaço e do tempo. É contato na relação campo–subcampo, na relação parte–todo, na relação figura–fundo, mas a essência dela não é ou não está no contato, isto é, a existência dela, na essência dela, é ser expressão provisoriamente acabada da pessoa, como um ser dentro que mantém uma profunda relação com a totalidade, chamada pessoa.

Como se faz a articulação figura–fundo: "1. Por que um campo é estruturado dessa maneira particular? 2. Que partes do campo se tornam figuras e quais se tornam fundo?".

Lembramos que falar de psicologia da Gestalt é falar de percepção, que implica aprendizagem, solução de problemas, e que esse estudo tem a ver com o processo psicoterapêutico.

A resposta às duas perguntas acima está nos seguintes princípios que explicam a relação campo–figura–fundo:

1. orientação como fator determinante; 2. tamanho relativo; 3. área envolvente e área envolvida; 4. densidade da energia; 5. articulação interna das partes do campo; 6. simplicidade da organização resultante, simetria; 7. efeito de uma organização sobre outra (Koffka, 1975: 200-07).

Deve ficar claro: 1. que esses sete princípios são expressões analógicas de formas e de sistemas de contato. Sem contato as coisas simplesmente não existiriam; 2. que esses princípios regulam o conceito figura–fundo, porém não são expressões dos conceitos de figura e de fundo, o que faz uma grande diferença. Figura–fundo tem a ver com uma relação de e no campo, e com uma visão holística da realidade. Figura e fundo atomizam o contato; 3. que esses sete princípios descritivos são expressões de figura–fundo e figura–fundo são esses sete princípios descritivos, que, juntos, podemos chamar de momentos fenomenológicos do contato. Eles são a expressão de uma totalidade experimentada no aqui e agora. Isso é fazer, na prática, fenomenologia; 4. e, finalmente, que o conceito de ipseidade pode ser explicado, como processo, por um desses princípios, isto é, na sua relação de contorno e fronteira "dentro" da pessoa e na sua relação com o mundo, pois pensamos ipseidade sempre como relacional e processual no mundo.

Não é fácil estabelecer pontes conceituais entre ipseidade e psicologia da Gestalt, a qual, mais que a teoria do campo e a teoria holística, tem um perfil conceitual mais estreito, o que lhe traz certa rigidez na sua utilização metodológica.

A psicologia da Gestalt tem uma complexa e rica rede de conceitos, e acredito que o fato de se dizer que não é a psicologia da Gestalt que mais suporte teórico dá à Gestalt-terapia é muito mais por conta da dificuldade teórica de sua aplicação, da dificuldade de generalização de seus conceitos e da nossa incompetência epistemológica do que em razão de a psicologia da Gestalt ser pobre conceitualmente como fonte de aplicabilidade à teoria e à prática gestálticas.

Fica, naturalmente, o desafio de continuar fazendo essas aproximações que dão maior sustentação teórica aos procedimentos psicoterapêuticos que delas emanam.

Quisera andar mais um pouco com você por essa fonte ilimitada de conceitos que é a psicologia da Gestalt, mas confesso que essa caminhada tem sido árdua, por isso deixo para você continuar descobrindo, sobretudo aquilo que lhe é importante. Acredito que falei o básico.

Teoria do campo e ipseidade

Teoria do campo. Que campo? Nenhum e todos. Tudo é campo e acontece no campo, por isso não se pode dizer Teoria do campo da Gestalt-terapia.

A teoria do campo é um conjunto de princípios epistemologicamente coerentes, que formam um campo teórico a partir do qual a realidade pode ser lida compreensivelmente de diversos olhares.

É uma das teorias que mais aplicações têm tido na realidade moderna, usada com precisão tanto em demonstrações dedutivas/qualitativas quanto em demonstrações indutivas/qualitativas.

A Gestalt-terapia foi buscar na teoria do campo seu suporte e sua compreensibilidade, sobretudo no que diz respeito às leis que regem o construto contato, a partir do qual o comportamento humano se faz compreensível dentro de determinado campo.

Temos afirmado que todo conceito operacionalizável se transforma em um instrumento de trabalho e que, para isso, tem de ter a chancela de uma das teorias de base da Gestalt-terapia, de cuja continuação depende a aplicabilidade do conceito.

É de grande importância metodológica conhecer a dimensão conceptual de uma construção. (1) Somente aquelas entidades que têm a mesma dimensão conceptual podem ser comparadas nas suas magnitudes. (2) Tudo que tem a mesma dimensão conceptual pode ser quantitativamente comparado, sua magnitude medida, em princípio, com o mesmo instrumento (unidade da medida). [...]

Obviamente, o estado do desenvolvimento da psicologia não permite realizar um *relacionamento sistemático de cada construção com todas as outras* por meio de um sistema de equações quantitativas. Por outro lado, estou inclinado a pensar que a psicologia não está longe de um nível onde um bom número de construções básicas pode ser relacionado de maneira precisa (Lewin, 1965: 43).

É isso que estamos tentando fazer. Na verdade, estamos propondo uma ampliação de perspectiva, uma melhor sistematização epistemológica entre o que temos chamado de self para uma estrutura estruturante mais ampla, que estamos chamando de ipseidade.

A questão é como ipseidade pode ser vista dentro da teoria do campo, bem como qual a compatibilidade teórica entre esse modelo e ipseidade.

Self tem sido uma construção malfeita que terminou dando base a mil interpretações. Nasceu sem cara e foi assumindo os mais diferentes significados e rostos.

Esclareço que essa afirmação tem a ver, exclusivamente, com o campo teórico da Gestalt-terapia. Não estou preocupado, ao longo deste texto, com outras abordagens que, porventura, doutrinem sobre o conceito self a partir de outros referenciais, como, por exemplo, a psicanálise, Jung e a própria psicologia do self.

Entendo, entretanto, que, como tudo é uma coisa só, e tudo tem reflexos em tudo, essas colocações poderão influenciar – e influenciarão – outros campos teóricos ligados à questão do self. Isso, porém, é um problema para outros teóricos resolverem. Minha intenção aqui foi rever o self que nós criamos ou reproduzimos no contexto da abordagem gestáltica e ir além dele, propondo um conceito novo que estou chamando de ipseidade, até para desconstruir algo cuja construção oferece uma série de inadequações teóricas e imprecisões.

Estamos partindo do pressuposto de que ipseidade tem de ser uma construção científica para não trocarmos seis por meia dúzia, ou seja, self por ipseidade.

Sempre que se pretende construir algo, deparamo-nos imediatamente com a questão da quantidade e da qualidade, e, em termos filosóficos, com a questão *do que é e do como é* – e, mais distante, com uma questão matemática.

> Em tempo, é bom lembrar que "matematização não deve ser confundida com quantificação. A matemática lida com quantidade *e* qualidade... A psicologia, também, poderia lucrar muito se tomasse mais em consideração o fato de que a matemática é capaz de considerar problemas quantitativos e qualitativos (Lewin, 1965: 36).

Estamos, aqui e agora, falando de teoria do campo e de ipseidade, a qual poderia ser vista, a partir do conceito de campo, de diversos modos, por exemplo: ipseidade e os processos do id (isso), do ego (eu) e da personalidade (supereu), indo além do que se refere a self e às suas funções de contato.

Estes processos ou

> Estas distinções podem ser consideradas de natureza qualitativa. Contudo podem ser representadas por meio de conceitos topológicos e vetoriais de uma maneira que (a) torna cada situação aberta a tratamento quantitativo, (b) não considera estas situações qualitativamente diferentes como entidades inteiramente separadas, mas as considera

resultado de certas variações quantitativas ou de variações na distribuição de forças (idem: 37).

Lewin chama esse paradoxo de "método de construção", que encerra o que ele chama também de "definição genética" de uma construção científica. São dimensões conceituais que exigem pensamento claro e elaboração cuidadosa, o que Cossier chamou de "elementos de construção". Por meio de uma construção científica, como os conceitos de "força psicológica", "região psicológica" e "campo de poder", podemos pensar ipseidade por meio de "uma caracterização qualitativa e quantitativa semelhante e através de uma separação e de uma relação conceitual". Ou seja, essas construções científicas permitem tanto a experimentação quantitativa quanto uma análise qualitativa da situação na construção de um conceito, porque, por intermédio delas, se pode induzir situações emocionais de aspecto social, cognitivo e de valores. Ipseidade, portanto, pode e deve poder se expressar por meio de conceitos básicos, como "campo de força, campo de potência, tensão, dependência simples e organizacional", que geram inteligibilidade pela "definição genética" de processos, que poderiam ser estudados tanto do ponto de vista qualitativo quanto quantitativo (apud Lewin, 1965: 37-9).

A teoria do campo é radical quando exige que seus conceitos não só definam, claramente, quanto uma coisa *é* psicologicamente, mas também quanto de efeitos podem surgir de determinada construção científica.

Nesse contexto, entendo que ipseidade ganhará visibilidade teórica se puder ser definida como um campo de força, de potência, de tensão, uma vez que esses conceitos estão qualitativa e quantitativamente experimentados e se aplicam analogica-

mente à ipseidade, que pode se fazer compreensível por meio de processos idênticos aos de um campo de força ou de potência, por exemplo.

Ipseidade é um órgão da mente com funções claras, ora ligadas ao cognitivo, ao emocional, ora ligadas ao motor, expressando-se sutilmente pela linguagem. Como um sistema ou uma subtotalidade (totalidade em si), funciona por intermédio da Personalidade como um campo de força, que, dando sustentabilidade aos processos interativos dentro e fora, como um campo de tensão, funciona como vetor ou convergência de vetores que se movimentam na direção de um ponto de aplicação, funcionando como um sistema de tensão e como uma realidade menor no mundo, e tem de evoluir a cada momento.

Portanto, se se tem, por exemplo, a dimensão conceitual de "força" ou de "energia", e essas dimensões se aplicam à ipseidade, segue-se que esta pode ser definida por meio dos conceitos de força e energia, porque ipseidade e força terão a mesma dimensão conceitual.

Repetindo as citações anteriores:

É de grande importância metodológica conhecer a dimensão conceptual de uma construção. (1) Somente aquelas entidades que têm a mesma dimensão conceptual podem ser comparadas na suas magnitudes. (2) Tudo que tem a mesma dimensão conceptual pode ser quantitativamente comparado, sua magnitude medida, em princípio, com o mesmo instrumento (unidades da medida) (Lewin, 1965: 43).

Obviamente, o estado do desenvolvimento da Psicologia não permite realizar um *relacionamento sistemático de cada construção com todas as outras* por meio de um sistema de equações quantitativas. Por outro lado, estou inclinado a pensar que a psicologia não está longe de um nível onde um bom número de construções básicas pode ser relacionado de maneira precisa (Lewin, 1965: 43).

Podemos afirmar, na linguagem lewiniana, que ipseidade é uma dimensão conceitual que encerra nela processos que revelam a parte de uma totalidade significada por esses conceitos.

E é essa magnitude conceitual que nos permite legitimar, aqui, ipseidade do ponto de vista epistemológico.

Uso alguns conceitos básicos da teoria do campo como exemplificação dessa magnitude conceitual e como sustentação teórica de nosso trabalho.

1. *Posição:* segundo Lewin, é um dos conceitos básicos da teoria do campo e significa "uma relação espacial das regiões". Por exemplo, A, que é uma "posição", pode ser caracterizada por estar contida em B, que é outra posição. Fazendo uma transferência conceitual, poderia dizer, por exemplo, que o "id" (A) é uma posição em relação a B (self/ipseidade). Para ser mais amplo, poderia dizer que, da mesma forma que self contém id e ipseidade contém self, assim B contém A.

2. *Locomoção:* "refere-se a uma 'relação de posições em diferentes momentos'. Qualquer fenômeno psicológico que pudesse ser representado como locomoção – o que se aplica à maioria dos comportamentos – teria a mesma dimensão conceitual". Por exemplo, ipseidade, pela sua complexidade, permite ao sujeito locomover-se de uma situação "id" para uma situação "ego", significando momentos diferentes de um mesmo comportamento.

3. *Estrutura cognitiva:* "pode ser considerada como tendo a mesma dimensão que posição, porque se refere à posição relativa de partes diferentes de um campo". Ipseidade é um campo, com estrutura cognitiva diferente do id (isso), do ego (eu) e da personalidade (supereu), cujo funcionamento harmônico forma um campo conceitual.

4. *Força ou "tendência à locomoção":* tem um caráter conceitual diferente de locomoção, embora esta seja um dos sistemas (definição operacional) de uma constelação de forças em que a força resultante é maior que zero.

Todo campo é um campo de força, e nele cada região se expressa diferentemente, embora em interação e cujo resultado é sempre maior que zero. *Isso, eu, supereu* (personalidade) são meros campos de força, formando uma constelação de possibilidades comportamentais por meio das quais ipseidade se atualiza a todo instante.

5. *Objetivo:* "um objetivo tem a dimensão conceitual de um *'campo de força'* – ou seja, de uma distribuição de forças no espaço. O objetivo (ou, na terminologia da teoria do campo, uma valência positiva) é um campo de força com uma estrutura espacial, isto é, um campo de força onde todas as forças se dirigem para a mesma região, emprestando ao conceito uma totalidade de padrões possíveis de campos de força".

Ipseidade é um campo de força, uma valência positiva, para a qual todas as forças se dirigem ordenadamente para a formação de uma dimensão conceitual operativa.

Na realidade, é importante ver e sustentar teoricamente a validade de um conceito a partir de conceitos já validados, como o conceito "força, valência" e outros. Posso perfeitamente validar os conceitos "id, ego, personalidade" como campos de força, como formas de contato com a realidade e funções do self.

Posso ainda, usando o conceito "objetivo", dizer que, da mesma forma que "id, ego, personalidade" são campos de força do self, assim também o são da Ipseidade, ou seja, uma estrutura espacial e temporal mais complexa, no sentido de um "campo de forças" para o qual todas as forças se dirigem como para uma única região. E, uma vez que entendo ipseidade como um "objetivo" ou "campo de força" mais complexo que self, posso afirmar que "id, ego, personalidade" são "posições" que servem de base para uma mais complexa região, que seria a "pessoalidade" que se finaliza na Personalidade individualizada, um sujeito concreto.

Assim, ampliando as possibilidades, posso dizer que para a constituição da Personalidade temos, na seqüência, como séries evolutivas ou "campos de forças": id, ego, personalidade, pessoalidade, ipseidade, Personalidade e este João, no qual se finaliza todo o processo de contatos de todas as séries evolutivas anteriores.

[...] a transformação destes conceitos comuns", conclui Lewin, em campos de forças de tipos diferentes possibilitando relacionar essas entidades, qualitativamente bem diferentes, de uma maneira que esclareça suas diferenças e semelhanças funcionais, nos permite entender o que *é* um fenômeno psicológico, e ainda se este conceito representa um conglomerado de acepções fenomênicas ou se é um conceito com dimensões claramente construído (apud Lewin, 1965: 44-47).

Penso que ipseidade se enquadra nas duas situações: é "um fenômeno psicológico" que representa um conglomerado de acepções fenomênicas (id, ego, personalidade, self, pessoalidade) que, por sua vez, é também um conceito de dimensões claramente construído.

Acredito que, embora sinteticamente eu demonstre como é possível usar conceitos psicológicos tradicionais, como id, ego, personalidade, self e pessoalidade, utilizan do conceitos da teoria do campo, o que chamo de *justificativa epistemológica conceitual*, é possível fazer o mesmo com conceitos como contato, *awareness*, fronteira etc.

Quando falamos de força, tensão, sistemas e outros conceitos, deve ficar claro que não estamos falando de forças ou energias físicas, pois se trata de conceitos lógicos necessários à compreensão de qualquer dinâmica. Esses conceitos não são propriedades da física, pois podemos observá-los igualmente em outros campos da ciência, como, por exemplo, em economia.

As analogias físicas podem ser ainda traçadas sem prejuízo da clareza. Por outro lado, é sempre necessário evitar cuidadosamente certos erros muito fáceis, por exemplo, na compreensão adequada das forças do campo psíquico, e é preciso ter sempre em mente que lidamos com forças num campo psíquico, não no meio físico (Lewin, 1965: 53).

Ao longo deste trabalho, temos sempre definido ipseidade como uma estrutura estruturante e estruturável, ou seja, como algo real, com cara e história; no sentido normal da palavra, podemos dizer que é uma coisa; na linguagem, porém, da psicologia da Gestalt, definiria como uma não-coisa, como a neblina que não tem fronteira nem limites, mas existe, de fato.

Não estamos falando de algo que é só processo, que aparece e desaparece, de acordo com a necessidade contactual do sujeito. Ipseidade é um campo energético psíquico, como o são também a sexualidade e os fatores de estruturação da personalidade, responsáveis pela nossa evolução e fruto da nossa evolução na criação e desenvolvimento de nossa identidade.

Ipseidade é uma matriz energética psíquica que se iniciou como uma rede interna, coordenadora do processo evolutivo de nossa auto-imagem e, a partir de certa evolução, se constituiu, de fato, em uma matriz geradora de novos processos e, nesse sentido, não pára mais, seguindo seu processo evolutivo totalizante da Personalidade.

> Em todo e qualquer processo, *as forças no meio interno e externo são modificadas pelo próprio processo.* Entretanto, essa modificação das forças que controlam os processos pode ser de um grau muito diferente em processos diferentes, de modo que, em muitos processos, essa mudança não é essencial ao curso do próprio processo, enquanto, em outros, o curso do próprio processo é fundamentalmente influenciado pelas modificações que ocorrem (Lewin, 1965: 55).

Isso explica o que estou querendo dizer: que, embora conserve o construto self, estou indo além dele para ipseidade. Self, nesse contexto, passa a ser função de ipseidade. Talvez pudesse fazer o seguinte esquema seqüencial evolutivo: "id, ego, personalidade, self, pessoalidade, ipseidade", no qual cada um se transforma, num crescendo, em função do outro. Cada processo é modificado pelo próprio processo: o processo "id" modifica o processo "ego" e assim por diante, podendo ser de um grau muito diferente em processos diferentes.

CICLOS DE SÉRIES EVOLUTIVAS

Sistemas estratificados com regiões centrais e periféricas, constituídos de sistemas-partes.

Esse modelo é um campo de forças psíquico. Ipseidade é um campo de forças psíquico, um campo psíquico num campo maior: isto é, a pessoa, que, por sua vez, está no mundo e em íntima relação com ele. Ipseidade não apresenta um funcionamento "a se ou *per se*", ela funciona "*ab alio*", é um subsistema, um subtodo de uma totalidade maior "corpo–pessoa–mundo".

Talvez seja difícil visualizar como, por exemplo, João Silva Pereira Alves "tenha sido pensado", há milhões de anos, no processo geral evolutivo. Em algum momento na história da macro-evolução, surgiu algo minúsculo, que foi teleologicamente se desenvolvendo, se complexificando, juntando coisas, abandonando outras, sem jamais destruí-las, somando, dividindo, até que chegou a ser matéria, depois vida, depois mente, depois personalidade, o João, com sua ipseidade, que foi fruto de milhões de anos das mais variadas formas de contato, construindo inteligentemente sua possibilidade até sua atualização na forma de João. Tudo isto é o campo cósmico vital *do João, sua história evolutiva.*

O processo evolutivo holístico de contato, do qual falaremos mais adiante, segue a mesma lógica da "força–processo–força", em que a relação evolutiva entre força e processo segue uma lógica contactual maior, que é a lógica inteligente do universo, da qual participamos de maneira micro, como um campo de força em permanente evolução. Trata-se de uma lógica–processo acumulativa, que, sem perder a perspectiva do passado, funciona no aqui e agora e para a frente. Isso é processo evolutivo.

Temos de pensar em situações totais e totalizantes que incluam pessoa e ambiente, como partes interativas de situações–campos, considerando essa totalidade um evento, fruto da relação pessoa–mundo, sabendo que essa relação é fluida e que a influência do mundo sobre a pessoa e vice-versa é diferente em diferentes casos.

Lewin (1973: 29) chama essa situação de "espaço vital psicológico", para indicar a totalidade de fatos que "determinam o comportamento de um indivíduo num certo momento". Ele chamou também o "espaço vital psicológico" de "totalidade de eventos possíveis"... Cada mudança de situação psicológica de uma pessoa significa justamente isso: certos eventos são agora "possíveis" (ou "impossíveis") e eram previamente "impossíveis" (ou "possíveis") (idem: 31).

Não é possível, portanto, pensar um campo onde não sejam possíveis eventos que são, de fato, possíveis, e não-possíveis. É a conjugação de eventos possíveis com não-possíveis que forma a totalidade de um campo, da qual qualquer tipo de comportamento deve derivar, e nessa totalidade devem se incluir tanto mudanças da pessoa como mudanças da própria situação da totalidade. O espaço vital tem, portanto, de ser concebido como um todo.

O centro de interesse transfere-se dos *objetos para os processos*, dos estados para as mudanças de estado. Se o espaço vital é uma totalidade de eventos possíveis, então as "coisas" que participam da situação, especialmente a própria pessoa e os "objetos" psicológicos, têm de ser caracterizadas pelas suas relações com os eventos possíveis (idem, 1973: 34).

De vez em quando, permito-me lembrar ao leitor que estou falando de Gestalt-terapia, de abordagem gestáltica. Quisera ter um pouco mais de tempo para, a cada citação como a anterior, parar e demonstrar como tudo tem a ver com nossa abordagem. Espero que o leitor se faça essa pergunta.

Ipseidade não é a pessoa, mas ela é e está na pessoa, ela é um subsistema de eventos possíveis, como uma coisa em processo. Ipseidade é fruto da relação da pessoa com objetos psicológicos em eventos possíveis. A efetividade da ipseidade lhe dá um caráter de "coisidade", de materialidade, de efetividade que lhe permitem, ao mesmo tempo, aprofundar suas raízes para dentro e expandir seus ramos para fora.

Podemos dizer que ipseidade pode ser ainda descoberta, no espaço vital, por meio dos fatos que nele ocorrem.

- Fatos quase–físicos, que são as reações advindas de um fato físico, de um ambiente que, por exemplo, apesar de ser o mesmo para um homem e uma criança, ambos o vivem de maneira completamente diferente, não sendo a geografia do ambiente que conta, mas a reação ao ambiente físico, daí o nome "fatos quase–físicos".

- Fatos quase–sociais, dos quais podemos dizer o mesmo. Uma reação de uma pessoa diante de um policial que deseja punir alguém. Não é o policial que conta, mas a experiência de valor que a pessoa vive e experimenta diante do fato social: as implicações do fato social.

O real não é o objetivo ou o físico, mas o experienciado pela pessoa em dado campo e momento. Se alguém, por exemplo, é pego num supermercado comendo frutas, não é o "furto" que conta, mas a vergonha e a culpa que a pessoa sente diante do fato.

- Fato quase–conceitual. A relação é a mesma. Não é o problema que se quer resolver que constitui o fato conceitual, mas a reação da pessoa diante do problema a ser resolvido.

Esses três grupos de fatos podem acontecer ao mesmo tempo e um não exclui necessariamente o outro. O importante é não perder de vista a perspectiva do *campo vital psicológico unificado*, no qual é a totalidade que gera a consciência do momento. Os fatos psicológicos existem no momento e são parte essencial do espaço vital psicológico daquele momento. A relação de causa e efeito, no que diz respeito ao futuro ou ao passado, só entra no espaço vital psicológico por meio do sujeito. Não tem energia própria.

Toda e qualquer representação do espaço vital se baseia na concepção fundamental de determinada pessoa em determinado meio. Às vezes, entretanto, fica difícil distinguir o que é da pessoa e o que é do campo: por exemplo, uma pessoa está vestida. O vestido pertence à pessoa ou ao meio? Porém, deve ficar claro que esse "pertencer" a um ou a outro, ou às relações pessoa–meio, está dentro de uma concepção de uma posição relativa, embora esses fatos tenham certa relação espacial definida.

O espaço vital está articulado em "regiões" que são qualitativamente diferentes entre si e estão separadas por "fronteiras" mais ou menos acessíveis (Lewin, 1973: 61).

Dinamicamente a pessoa manifesta-se como um sistema "estratificado" que possui uma estrutura definida e na qual podemos distinguir regiões centrais e periféricas... É importante saber se um sistema maior, por exemplo, toda a pessoa, está mais ou menos fortemente diferenciada em sistemas–partes. As mudanças na conexão dos sistemas dentro da pessoa são reais e demonstráveis (idem: 64-70).

Ipseidade é um "sistema–parte–da–pessoa" e pode se expressar por meio desses três fatos possíveis – quase–físicos, quase–sociais, quase–conceituais –, bem como por meio do id, do ego, da personalidade, do self e da pessoalidade como dimensões diferenciadas de contato.

Acredito que possamos dizer que as séries ou posições id, ego, personalidade, self e pessoalidade são sistemas–partes diferenciados da personalidade e que "as mudanças na conexão dos sistemas dentro da pessoa são reais e administráveis".

Fica, entretanto, mais difícil determinar que sistemas–partes poderiam ser definidos como regiões centrais e/ou periféricas na ou da Personalidade, pois essa definição dependerá do campo de força que cada um desses sistemas–partes constituirá em dado momento. Ou seja, é a relação pessoa–mundo e sua compreensão que definirão, em termos, o que é, aqui e agora, uma região central e uma periférica.

Esses fatos podem ser vistos também, a título de exemplificação, como expressões dos três sistemas maiores da pessoa: o cognitivo, que se expressa por fatos quase–cognitivos; o emocional, que se acopla perfeitamente aos fatos quase–sociais; e o motor, que se expressa pelos fatos quase–físicos.

Ipseidade é uma estrutura que estrutura e se estrutura por intermédio da experiência de quotidianidade que o sujeito vive. Ela é real enquanto é experienciável pela pessoa, e adquire visibilidade virtual pelo jeito com que a pessoa se expressa por meio dos fatos quase–físicos, quase–sociais e quase–conceituais.

Considero ipseidade uma estrutura. Primeiro, porque, na linha da linguagem de Garcia-Roza e Lewin, ipseidade pode ser considerada parte de um sistema de correlações, afastando-se de um sistema de mera observação e classificação; segundo, porque, do ponto de vista ontológico e não epistemológico, consideramos a estrutura a própria realidade estudada.

Isto significa que em psicologia a estrutura não é decorrente de uma perspectiva metodológica, mas o próprio comportamento seria estrutural, independente de qualquer mediação conceitual (Garcia-Roza e Lewin, 1974: 49-50).

Isso se aproxima perfeitamente do que tenho afirmado, dizendo que ipseidade é uma estrutura de comportamento. Algo que existe, que pode ser enquadrado em um contexto teórico e psicoterapêutico, abrindo uma perspectiva metodológica que nos permite visualizar a pessoa do cliente por meio de sua tentativa de se ver como algo acabado, embora com problemas.

Muchielli vai mais longe, quando afirma que a estrutura vai além de correlações e diz respeito a significações.

> *Uma estrutura de significação* é aquilo em relação ao qual um elemento do mundo toma um significado para um sujeito. Mais exatamente, designa uma realidade operante que não tem nada de objetiva nem de consciente (não é diretamente observável e não é um conteúdo de consciência) e cuja ação converte os dados do mundo em significativos para um sujeito. A estrutura de significação supõe e implica uma relação essencial e existencial entre o sujeito e seu universo e é uma constante dinâmica desta relação... A estrutura é unicamente capaz de dar sentido àquilo que ela estrutura. A estrutura é, desde este ponto de vista, uma forma vazia, mas dinâmica e bem definida, que dá uma forma, e, portanto, uma significação, ao que vem preenchê-la (Garcia-Roza e Lewin, 1974: 50).

Tal é a importância e a pertinência desse conceito de estrutura, como visto por Muchielli, que passo a distinguir seus principais elementos:

Uma estrutura:

- É algo no mundo que faz sentido para o sujeito.
- É algo operante não objetivo, nem consciente.

- Não é diretamente observável, nem é um conteúdo de consciência.
- Sua ação torna os dados no mundo significativos para o sujeito.
- Implica uma relação essencial e existencial entre sujeito e mundo.
- Unicamente dá sentido àquilo que ela estrutura.
- É uma forma vazia, mas dinâmica e bem definida.
- Dá forma e significação ao que vem preenchê-la.

Acredito que dificilmente poderia definir melhor a idéia de ipseidade como estrutura que a caracterização de Muchielli. Essa caracterização dá vida e visibilidade teórica ao conceito de ipseidade. Cada um desses elementos pode ser visto como uma subdefinição de ipseidade, cujos elementos no seu conjunto podem se aplicar à ipseidade na sua relação essencial e existencial entre sujeito e mundo.

O conceito estrutura, portanto, é de extrema complexidade. Uma estrutura é algo processual, podendo envolver processos conscientes e inconscientes no que diz respeito aos elementos que a constitui. Ipseidade contém elementos que são consistentes e constituintes de sua realidade. Ao mesmo tempo, é a inter-relação desses elementos que forma o próprio processo psicológico, responsável pela experiência humana. Ipseidade é uma estrutura cuja forma constitui sua totalidade, e cuja totalidade constitui sua forma, não podendo ser pensada a partir de suas partes, funcionando como um campo energético, dentro de um campo energético de maior complexidade.

As estruturas, segundo Lévy-Strauss (apud Garcia-Roza e Lewin, 1974: 51), são modelos que devem satisfazer às seguintes condições básicas:

1. Apresentar um caráter de sistema. Ela consiste em elementos tais que uma modificação em qualquer um deles acarreta a modificação de todos os outros.
2. Todo modelo pertence a um grupo de transformações, cada uma das quais correspondendo a um modelo da mesma família, de modo que o conjunto dessas transformações constitui um grupo de modelos.
3. As propriedades acima permitem prever de que modo reagirá o modelo em caso de modificação de um de seus elementos.
4. O modelo deve ser construído de tal modo que seu funcionamento possa explicar todos os fatos observados.

A definição de Lévy-Strauss se prende mais ao modelo fenomenológico, visto como um sistema. A definição de Muchielli trabalha mais com o *como* uma estrutura funciona, e a de Lévy-Strauss mais com o *que* faz uma estrutura em ação. E ambas as definições se somam e podem, do nosso ponto de vista, operacionalizar melhor ipseidade como sistema e estrutura.

As características estruturais acenadas por Claude Lévy-Strauss se aplicam ao conceito de ipseidade e podem legitimá-la como estrutura.

1. Ipseidade é um sistema ou um subsistema em permanente modificação, de tal modo que, quando ipseidade se altera por meio dos processos criativos e estruturantes pelos quais passa na direção de uma maior completude, todos os seus outros subsistemas ou regiões se alteram.

2. Nós temos definido self e ipseidade como um sistema, um modelo processual, no mesmo nível, por exem-

plo, da sexualidade, formando uma família de processos estruturantes da personalidade.

3. As propriedades de cada um desses subsistemas, regiões ou modelos perpassam dinamicamente entre elas, de tal modo que podemos afirmar que, quando a sexualidade, por exemplo, de uma pessoa está passando por uma fase de estruturação, também ipseidade sofre dessas transformações, da mesma forma a imagem de corporeidade da pessoa.

4. Aqui podemos ver claramente o ciclo do contato, como apresentado por nós. Cada ponto do ciclo é também um processo de ipseidade, de tal modo que, quando um introjetor começa a projetar o introjetado, todo o processo de ipseidade sofre na sua realidade de funcionamento, ou seja, a relação introjetor/mobilização ocorre no sentido de que todos os outros níveis de contato do ciclo se alterem.

Isto significa que os caracteres estruturais do fato perceptual devem corresponder a caracteres igualmente estruturais (ou Gestálticos) do fato cerebral que lhe é correlato.

> Assim, tanto os processos psicológicos como os físicos e os fisiológicos apresentam características estruturais. Este fato pode ser expresso pela tese fundamental da teoria gestaltista: há contextos nos quais o que acontece no todo não pode ser deduzido das características dos elementos separados, mas, inversamente, o que acontece a uma parte do todo é, em casos bem nítidos, determinado pelas leis da estrutura intrínseca ao todo (Garcia-Roza e Lewin, 1974: 49-56).

A essa altura, é importante insistir em dois outros conceitos básicos da psicologia topológica: região psicológica e locomoção psicológica.

Uma região é uma parte do espaço vital. Tudo que pode ser representado como uma região, caracterizando uma situação psicológica, pode ser parte do espaço de vida.

> Assim, uma pessoa é uma região do espaço de vida, no qual ela ocupa um lugar e se locomove, e o próprio espaço de vida, considerado como um todo, é também uma região (idem: 71).

Tudo, portanto, pode ser uma parte do espaço de vida, como uma floresta, uma cor, uma ocupação, a esfera de influência de uma pessoa. A totalidade da região que uma pessoa vive, em determinado momento, é o espaço de movimentação de liberdade da pessoa, em dado espaço. É possível haver mudanças estruturais em uma região que se apresenta como homogênea, quando subpartes sofrem uma diferenciação a partir de sua relação com o meio ambiente.

Ipseidade é uma subparte sujeita a um processo permanente de diferenciação, o que implica sua mudança estrutural. Ipseidade, sem deixar de ser ela, muda constantemente, obedecendo a um instinto organísmico de que tudo se organiza no sentido de uma teleologia de busca da própria ipseidade.

Estamos falando do conceito "locomoção psicológica", que é qualquer mudança de posição ou de estrutura; nesse caso, a região que muda se torna parte de outra maior.

Costumamos representar a locomoção por um caminho que pode ou não ser utilizado.

Este caminho caracteriza uma mudança de posição no interior de um campo que permanece suficientemente constante. A locomoção pode ser quase–física, quase–social e quase–conceitual. Geralmente, a cada caminho no espaço de vida, corresponde uma locomoção (Garcia-Roza e Lewin, 1974: 71).

Ipseidade é cheia de caminhos, conseqüentemente, de locomoções, não obstante seu campo permanecer suficientemente constante, porque, para que uma locomoção ocorra, não é preciso a participação de toda a pessoa fisicamente, bastando um gesto, uma emoção diferenciada que ocorre, é claro, na pessoa, mas não é necessariamente de toda pessoa. É o grau de dependência de uma região em relação à outra que determinará as fronteiras e conexões entre elas a partir da dependência dinâmica que uma exercerá sobre a outra. Essa inter e intradependência é resultado do estado relacional de uma em relação à outra.

Cada região na estrutura interna da pessoa é concebida por Lewin como uma Gestalt. A dependência ou interdependência dinâmica das regiões repousa em suas propriedades qualitativas e nas propriedades de suas fronteiras ou zonas de fronteiras (idem: 87).

Ipseidade é uma região estruturada da pessoa, em íntima dependência dinâmica de outras regiões, como memória, inteligência, vontade, sexualidade, e esse processo conectivo depende das propriedades qualitativas das fronteiras ou zonas de fronteira de contato entre essas diversas regiões. Posso ainda afirmar que o isso (id), eu (ego), personalidade (supereu) são sub-regiões ou células de uma região maior, ipseidade, e que a relação entre essas três entidades depende das propriedades de fronteira entre cada uma delas e as demais na relação "pessoa–meio–psicológico".

Lewin é muito claro quando afirma que um campo não deve ser compreendido como uma realidade física, mas fenomênica. O campo, portanto, não existe em si mesmo, mas ele é o que representa para a pessoa em dado momento, contendo tanto variáveis psicológicas, como emoções e sentimentos, quanto variáveis não-psicológicas, como as sociais, físicas, biológicas. Compõem, portanto, o espaço de vida todas as variáveis psicológicas representadas pela relação das regiões pessoa–meio, bem como as variáveis não-psicológicas representadas pelas zonas de fronteira (apud Lewin, 1975: 136). Trata-se, portanto, de uma totalidade de fatos que determinam o comportamento de uma pessoa em dado momento.

O espaço vital, portanto:

> [...] poderia ser dividido em regiões e estas em sub-regiões ou células. Uma célula é uma unidade estrutural que não pode ser subdividida. Ela tem características de uma "Gestalt" e assim qualquer fragmentação que lhe seja imposta destruirá suas propriedades estruturais. Mesmo que uma célula possua mais de uma dimensão, sua divisão é impossível. Uma célula tem, portanto, o caráter de um ponto dentro do Espaço de Vida (Garcia-Roza e Lewin, 1974: 180).

Self e ipseidade não são a pessoa, são partes da pessoa, regiões da pessoa, como diria Lewin, em dinâmica relação com uma zona de fronteira ou de incidência de variáveis não-psicológicas, constituindo universos distintos (variáveis psicológicas e não-psicológicas), mas, como disse, em dinâmica inter-relação.

Espero estar demonstrando que ipseidade tem, na teoria de campo, sua plena justificativa epistemológica, e encontra sentido e razão para existir fenomenologicamente, no sentido de poder ser vista como um dado para a consciência do sujeito a partir de sua experiência imediata no mundo.

Um objeto visível apenas a olho nu apresenta uma muito diferente aparência do que quando visto através de um poderoso microscópio... O efeito combinado de uma simulada sensibilidade e o caráter prático seletivo de uma inteligência justificam em parte o fato de que as coisas apareçam para nós limitadas no tamanho e na forma, com contorno e margens definitivos e superfícies além das quais elas não vão ou se aproximam do ponto morto (*deadstop*). Esta parada morta (*deadstop*) é uma ilusão devida muito às limitações de nosso **ritual** aparato de observação... Além (das coisas que nossa sensibilidade e inteligência seletiva não conseguem captar) está o "campo" escuro que é formado pelas atividades e propriedades da coisa além de seu sensível centro focal... O campo pode ser visto seja como atividades, seja como estrutura, como elementos de forças ou como curvas. De fato, a partir de muitos pontos de vista, estrutura e função, curva e força são termos convertíveis para a finalidade de descrever efeitos físicos. O ponto essencial é aquele de que campo físico é uma extensão do sistema ativo de energia da coisa além de seus sensíveis contornos, uma extensão que mostra as mesmas propriedades e tem os mesmos efeitos em outras coisas naquele campo como a própria coisa, embora com uma força e energia em diminuição na razão em que o campo se afasta da coisa (Garcia-Roza e Lewin, 1974: 112).

Com relação a organismos como todos, a questão do campo se torna muito mais importante que no caso de corpos físicos. O que é um campo de um organismo? Muitos serão tentados a responder, apressadamente, que é o seu ambiente. O ambiente, no entanto, é um confuso e complexo conceito, porque há nele muito mais do que as coisas que pertencem a um campo de um particular organismo. *O campo de um organismo é sua extensão além de seus sensíveis limites, é aquele mais que existe no organismo além de seus limites* (idem: 113) (grifo nosso).

Para saber de um campo de um organismo teríamos de conhecer bem sua natureza, suas funções e atividades.

Mas literalmente não existem elementos sensíveis para percorrer, a infinidade de variações que acontecem na vida orgânica transcendem vastamente a aparente organização estrutural (Garcia-Roza e Lewin, 1974: 113).

O organismo muito mais que um corpo físico é um evento histórico, um foco de acontecimentos, o portão através do qual o infinito rio de mudanças flui incessantemente (idem: 114).

O passado, o presente e o futuro se encontram naquele pequeno centro estrutural, aquela isolada (*wayside*) estação no infinito caminho de vida (ibidem).

Em outras palavras, o organismo e seu campo, ou o organismo como um "todo" – o organismo holístico – contém seu passado e muito do seu futuro no seu presente (idem: 115).

Muito se poderia escrever a respeito da fundamentação teórica de ipseidade, baseada na teoria do campo. Fazendo uma reflexão sobre figura–fundo, acredito que a teoria do campo se coloca epistemologicamente como um processo figura–fundo, no que diz respeito ao conceito ipseidade e à abordagem gestáltica.

A teoria do campo é a mais importante teoria de base da Gestalt-terapia, porque o próprio sentido de Gestalt envolve a noção de totalidade que só ocorre no campo. Psicologia da Gestalt, teoria do campo e teoria holística são um processo figura–fundo que cria a efetividade da Gestalt-terapia. Sem ser idênticas, quando se fala de uma, as outras estão necessariamente incluídas.

Nesse contexto, fica claro que ipseidade, justificada epistemologicamente por essas três teorias que, por sua vez, constituem a Gestalt-terapia, fica também justificada como um conceito gestáltico e como um subsistema que decorre da relação figura–fundo que permeia essas três teorias.

Ipseidade (e o self) é um sistema da personalidade e não, necessariamente, um conceito sistemático da Gestalt-terapia. São processos humanos, e não construtos teóricos de uma única teoria. Poder-se-ia perfeitamente falar de "psicologia da ipseidade", mas não de "Gestalt da ipseidade". A grande questão aqui é a clareza de que os termos self e ipseidade se sustentam por si mesmos dentro de um contexto teórico, e não se self e ipseidade são termos sine qua non *para a existência da Gestalt-terapia.*

Está claro para mim que a resposta é não. Poder-se-ia desenvolver toda uma teoria gestáltica sem o conceito self. Self entra na Gestalt-terapia como contato. Self é contato, contato é self, assim disseram alguns de nossos melhores teóricos e alguns, de maneira sutil, pareciam querer dizer que self é Gestalt, ou que Gestalt é self. Costumamos ainda dizer que self organiza as diversas formas de contato na personalidade, ou seja, self é um sistema de contato no organismo, sem esquecer um dado básico: o corpo é contato, a expressão máxima do contato. Tudo no organismo é contato em ação, ficando difícil privilegiar este ou aquele sistema como *o* responsável pelo contato. Para mim está claro que não se pode confundir ou identificar self com contato, muito menos self com Gestalt.

Self e ipseidade só terão sentido se esses conceitos puderem ser justificados, epistemologicamente, pelas teorias de base da Gestalt-terapia. Se a resposta é positiva, segue-se que ipseidade e self passam a ser mais um conceito bem-vindo ao campo teórico da Gestalt, como representantes teóricos do mundo do contato. Especificamente, estou convencido de que ipseidade tem nas teorias de base uma forte fundamentação que justifica dizer que ipseidade é contato e contato é ipseidade, e é por esse ângulo que ipseidade é um conceito bem-vindo à Gestalt-terapia, a partir de uma visão holística e gestáltica do contato.

Como a Gestalt-terapia é definida como terapia do contato, e self como uma forma de contato, segue-se que self, sendo contato, é gestáltico. Estou tentando provar que esse silogismo está correto no sentido de conferir ao self uma identidade epistemológica até onde ele possa responder ao que se espera de um conceito. Estou tentando também mostrar que ipseidade é contato, fruto de um complexo movimento de contato em nível quântico-holístico e, se consigo, demonstrar que ipseidade é um processo de contato, fruto de contato. Sendo, então, a Gestalt-terapia uma terapia de contato, segue-se que ipseidade entra normal mas não obrigatoriamente no sistema teórico da abordagem gestáltica.

Ao longo do presente texto, espero ter deixado claro que ipseidade se justifica não apenas como expressão de contato, como uma redução fenomenológica de um processo terminal de múltiplos contatos, mas, sobretudo, como construção e constituição do conceito ipseidade a partir de conceitos já consagrados, qualitativa e quantitativamente, pela própria teoria do campo.

Teoria holística e ipseidade

Considero a teoria holística de Jam Christian Smuts uma das três teorias de base da abordagem gestáltica, às quais a Gestalt-terapia recorre para poder ser epistemologicamente defensável como uma proposta de visão de mundo, de pessoa e de metodologia científica para a sua prática clínica ou outros.

Diferentemente da psicologia da Gestalt e da teoria do campo, a teoria holística é mais uma filosofia da totalidade, uma ontologia do fenômeno como inteireza, relação figura–fundo, dinâmica relacional parte–todo.

Enquanto as duas primeiras assinalam o "que" pode ser a Gestalt-terapia, a teoria holística acena para o "como" a Gestalt-terapia pode encontrar sentido e se expressar, até psicoterapeuticamente. Eu diria que o holismo é a existência, aqui e agora, de como a psicologia da Gestalt e a teoria do campo podem revelar a essência da caminhada que a Gestalt-terapia pôde seguir na construção do contato "terapeuta–mundo–cliente".

É freqüente na literatura gestáltica a afirmação de que a teoria holística é um dos fundamentos teóricos da Gestalt-terapia. Poucos, entretanto, exploram com pertinência esse pressuposto. É também freqüente a mesma justificativa para a existência do self a partir da teoria holística. Em sua maioria, entretanto, essas afirmações são apenas declaratórias, sem a preocupação da demonstração epistemológica da conveniência ou acerto de tal afirmação.

No seu famoso artigo "O self na teoria da Gestalt-terapia", Lee McLeod se refere algumas vezes ao holismo para justificar self, mas não aprofunda as origens epistemológicas de suas afirmações.

Esta ligação que comecei a fazer entre Self–definido–como–contato e inteireza será um tema no que se segue. Eu quero dizer com inteireza ou holismo a insistência existencial de que corpo, mente e mundo não podem de fato e logo não devem em teoria ser separados e eu irei argumentar que é este princípio central que informa a teoria da Gestalt (McLeod, 1993: 1).

Depois de falar do ciclo do contato em forma de anagrama de onda de formação/destruição da figura, ele argumenta:

> [...] Segundo, o relacionamento com o ambiente, isto é, primariamente com outros – é uma parte integrante deste modelo. Terceiro, porque todo contato tem que incluir o físico, esta visão de Self não é meramente um modelo mental, mas mais holística (idem: 10).

Mais adiante, McLeod vai dar mais uma vaga idéia sobre o que ele entende por holismo.

> Então eu gosto de pensar que Fritz estava trilhando seu próprio caminho na teoria e na prática em direção à mesma "Gestalt Relacional", o mesmo holismo baseado-no-contato que Paul Goodman havia buscado de seu jeito em *Gestalt Therapy* (McLeod, 1993: 13).

Embora não seja minha intenção discutir o mérito de cada uma dessas afirmações, elas tentam falar da relação homem–mundo e que self só pode ser entendido nesse contexto de contato. E, nele, surge a teoria holística que aparece aqui mais como uma palavra de referência que como fundamentação das bases teóricas para exemplificar a relação de contato pessoa–mundo e self.

Cito mais duas referências ao holismo, nas quais a relação self e holismo aparece sem uma lógica que a fundamente.

> Não obstante, eu tentarei mostrar que Ratner altera sutilmente o foco de Goodman no indivíduo criando um campo organismo/ambiente, de forma que o foco é o próprio campo, num todo maior que engolfa o individual e finalmente nega o Self como espaço do holismo (McLeod, 1993: 16).

> O holismo na Gestalt, eu sugeri, deriva de uma definição existencial do Self (idem: 18).

A primeira afirmação diz: "[...]finalmente nega o Self como espaço do holismo", e a segunda, "o holismo deriva de uma definição existencial do Self", duas afirmações vagas que não situam nem Self nem Holismo, sendo a última totalmente improcedente.

Relacionando ipseidade a holismo, começo citando dois pensamentos básicos e fundamentais de Smuts, ainda no prefácio de seu livro *Holismo e evolução*.

> Este falar, chamado posteriormente holismo, é a base da tendência sintética no universo (Smuts, 1996: V).

O segundo pensamento básico para nossas considerações epistemológicas é a definição de Personalidade.

> Gradualmente eu entendi que Personalidade era apenas um caso especial de um fenômeno muito mais universal,

especificamente a existência de todos e a tendência na direção de todos e de totalidade na natureza (Smuts, 1996: VI).

Ipseidade é um conceito, como tantos outros, que explica como a pessoa humana funciona. Freud deu nome a alguns dos mais complexos comportamentos humanos, como transferência, resistência e outros, e os ligou a um processo psicanalítico de tal modo que, nesse contexto, eles fizessem sentido e pudessem ser operacionalizados metodologicamente. O mesmo se poderia dizer de ipseidade, que, como um processo humano, pode explicar as coisas da natureza independentemente de estar imbricada, acoplada a uma teoria específica.

Meu grande desafio, portanto, é como entender ou colocar ipseidade dentro dessa estrutura teórica sem forçar nada, de tal modo que a existência desse todo, chamado ipseidade, se coloque dentro dessa megaestrutura de "todos", na expressão de Smuts, que formam a natureza.

Acredito que todo conceito gestáltico tem necessariamente de estar dentro de um enquadre epistemológico que justifique um processo e uma ação terapêutica, sob pena de não ser considerado um conceito gestáltico.

O que estou fazendo é ver se ipseidade se enquadra como um processo gestáltico, de campo, holístico e fenomenológico, de tal modo que, sendo, antes de tudo, um processo comum humano, nos ajude a pensar a Gestalt-terapia de maneira mais coerente, a partir de um de seus possíveis conceitos, ipseidade, e de como poderá ser operacionalizada técnica e metodologicamente.

A terceira afirmação, portanto, será a de que:

Matéria, vida e mente são, por assim dizer, o alfabeto original do conhecimento, o núcleo original de toda experiência, pensamento e especulação (idem: 6).

O universo é, portanto, um processo em criativa evolução. O nosso "hoje" é apenas uma estação, uma aparente parada nessa caminhada para o infinito em evolução. Matéria, vida e mente são coisas distintas, mas não separadas, são três totalidades ou inteirezas em total harmonia e dependência criativas em evolução.

Vida e mente, agora, ao contrário de serem elementos estranhos ao universo físico, se identificam com a ordem física, e são todos eles reconhecidos como um verdadeiro pedaço (idem: 10).

Se a evolução está correta, se a vida e a mente nasceram na e da matéria, então o universo deixa de ser um puro mecanismo físico e o sistema que resulta daí tem que proporcionar um real lugar para os fatores da vida e da mente (idem: 11).

Entendo ipseidade, nesse contexto, como um fator da vida e da mente, fruto da matéria, da vida, da mente, que eclode na personalidade como uma síntese existencial de todo um processo de individuação do "sujeito–no–mundo", por meio de um processo cósmico evolutivo.

É bom observar que Smuts, ao longo de sua obra, usa normalmente *mind* (mente) e, às vezes, *soul* (espírito).

Ipseidade é o "si-mesmo" no nível de uma profunda consciência emocionada no mundo. Ela é a síntese final processual e consciencial de todos os processos evolutivos pelos quais uma pessoa passou na constituição e construção do seu "si-mesmo pleno", consciente e atuante no mundo. Ela é o olhar pleno com o qual a pessoa, ao se olhar, se reconhece única, individual e relacional no mundo.

Matéria, vida e mente são os todos que em íntima, inter e intradependência formam o universo hoje, constituindo o que chamamos de natureza humana, porque tudo no universo é humano.

Pode parecer ousado e carente de lógica, mas se acredito que holograficamente a pessoa humana repete o processo evolutivo, talvez eu possa dizer que a Matéria está para o "Id" como o "Eu" está para a Vida e a Mente para a "Personalidade". Assim: *Matéria/Id*, o primitivo, o antigo, o bruto, o original, o princípio; *Vida/Eu*, a relação, a ação, o social, o desafio, o amanhã; *Mente/Personalidade*, o valor, o certo, o esperado, o adulto, o pronto. Todas essas relações ocorrem como séries evolutivas que foram se enriquecendo ao longo da evolução.

Tudo no universo, portanto, tem necessariamente essas três dimensões embutidas, patenteadas e contidas, cada todo é fruto dessa tríplice relação entre matéria, vida e mente.

Assim, ipseidade é uma estrutura finalizada, por agora, e contém em si os germes da materialidade, por meio de sua facticidade e eficacidade; os germes da vida por intermédio das formas experienciais que expressa; os germes da mente por meio da qual ela, hoje, se expressa como um atributo, um subsistema da Personalidade.

É nesse sentido, como resultante de um processo evolutivo, que ipseidade pode ser considerada dentro do contexto do holismo. Ipseidade, portanto, é fruto de um contato em eterna evolução, surge da relação contactual entre matéria, vida e mente para se expressar, no mais alto nível de contato evolutivo, na pessoa, e continuará sendo contato, se contextualizando e complexificando cada vez mais por meio da evolução criativa.

Quero lembrar que "todo" é um substantivo, não um adjetivo. Poderia também ser traduzido por "totalidade, inteireza".

Nos campos gravitacionais, eventos acontecem em curvas e seguem as curvas fundamentais do universo Espaço–tempo. O resultado é aquele de que o universo inteiro adquire um caráter definitivo estrutural, e não é mais uma homogeneidade difusa, como antigamente se pensava. De acordo com o novo conceito Espaço–Tempo, estrutura, estrutura definitivamente organizada, se torna a característica essencial do universo físico, e este caráter estrutural explica muitos fenômenos inexplicáveis (Smuts, 1996: 23).

O conceito de "campo" se torna importantíssimo para a ciência e para o pensamento. O "campo" da matéria é simplesmente a estrutura curvada do real Espaço–Tempo, que se estende para além da sensível matéria em si mesma. Através de seus vastos "campos", o universo assume uma forma não muito diferente dos contornos e desigualdades em curvas que nós associamos à aparência física deste globo (idem: 31).

Se o universo tem um caráter estrutural definitivo, tudo no universo participa desse caráter estrutural, e não é uma homogeneidade difusa.

Se o "campo" é algo que se estende para além da sensível matéria em si mesma, entendemos que uma estrutura é também um campo que se estende para além da sensível matéria em si mesma.

Logo, se pensamos ipseidade como um campo estrutural, ela entra no contexto de muitos fenômenos inexplicáveis pelos seus "contornos e desigualdades", que finalizam na absoluta diferença entre duas pessoas, constituindo-as únicas e singulares no universo.

> De fato, separadamente, Espaço e Tempo têm que ser considerados como meras abstrações, como em todos os movimentos, hoje, eles são vistos como uma ação conjunta inseparável (idem: 27).

Assim, como já dissemos anteriormente, é muito pobre pensar o conceito self apenas na sua função de temporalidade, como também não se pode pensar o ciclo do contato apenas como uma função do tempo linear, porque a realidade é espaço e tempo. Pensar self no ciclo do contato apenas na sua função de temporalidade é pensar abstratamente, o que, do ponto de vista terapêutico, não serve para nada ou quase nada.

Algumas coisas ficam mais claras com essas citações. A validade do conceito ipseidade, por exemplo, como um sistema ou um todo que, a seu modo, envolve uma totalidade ou inteireza conceitual, podendo ser visualizada conceitualmente como algo real.

Fica claro também que espaço e tempo não podem ser pensados separadamente, e que qualquer coisa que se pense passa necessariamente pelo enquadramento espaço–tempo.

DO SELF E DA IPSEIDADE 173

Da mesma forma, esclarece-se que a noção de campo em Smuts vai muito além da idéia de uma matéria pura e simples, e que o campo é algo, ao mesmo tempo, aqui e lá, seja onde for, além da sensível matéria.

E, ainda, espaço–tempo são curvas, contornos do universo que se expressam por intermédio das estruturas na e da natureza, formando o campo da matéria.

Temos afirmado que ipseidade é uma estrutura estruturável e estruturante, ou seja, ela está na curva espaço–tempo e, como tal, assume contornos e desigualdades por meio das quais sua materialidade ultrapassa ela mesma no processo evolutivo. A estrutura de qualquer coisa é função do espaço–tempo que se estende para além da matéria em si. Ipseidade é, como toda estrutura no universo, função do espaço–tempo e, como tal, está submetida a um contato interminável e criador, pelo qual a pessoa se renova quotidianamente, pois, embora ipseidade não seja igual à pessoa, esta sofre a influência da evolução criativa de uma de suas partes, como as zonas centrais e periféricas da teoria do campo, e como o todo ou subtodo do hólismo.

> Matéria é, portanto, uma estrutura de unidades de energia, movendo-se com imensas velocidades no Espaço–Tempo, e os vários elementos surgem do número e combinações das unidades em um átomo... (idem: 35).

Na verdade, nós perdemos o conceito "dualidade" para o conceito "dualismo". Dividimos tudo. Parece impossível à nossa mente cartesiana pensar a realidade como "sistemas–partes–totalizantes e totalizadores".

Atrás disso está a nossa natural dificuldade de lidar com o diferente. Dualismo é dividir, e dividir é criar diferenças para, em seguida, a diferença virar organização, poder, ordem. Não dividimos para enxergar melhor as diferenças, dividimos para controlá-las melhor e, com isso, perdemos a beleza e a riqueza da totalidade que exige de nós humildade diante do mistério, o qual podemos chamar de relação. Assim dizemos figura e fundo, parte e todo, dentro e fora, e a maior e a mais discriminatória de todas as divisões ou talvez diferenças: homem e mulher. Como seria se reaprendêssemos da ecologia cósmica a experienciar tudo no universo como relacional: figura–fundo, parte–todo e a mais linda estética das diferenças, a totalidade homem–mulher?

Tudo é uma coisa só. Assim, não seria o nosso olhar a dividir, a criar diferenças, mas a "coisa-em-si" se apresentaria a nós por meio de suas infinitas possibilidades, e não de suas divisões. Elas, as coisas, sobretudo esta divina dualidade, mulher–homem, homem–mulher, se apresentariam aos nossos olhos reais e contemplativos como um todo, um sendo a essência do outro, e o outro sendo a existência do um, com toda sua unidade feita de infinitas diferenças em que um contempla no outro o "si–mesmo–comum", feito, ao mesmo tempo, de feminino e masculino: o deus e a deusa em um só corpo.

No universo, tudo é combinação, acordo, plasticidade, fluidez, tudo mudando ao ritmo de incrível velocidade, embora atômica e não perceptível. Tudo no universo é contato, harmonia e transformação. Nada é isolado, tudo é contato, e é nesse sentido que ipseidade se imbrica no processo cósmico da mudança, permitindo à pessoa, como uma de suas subtotalidades, crescer, tornar-se o "si-mesmo" real, de verdade.

Deve ficar claro que não é a teoria holística que deve justificar ipseidade, mas esta é que tem de ser explicada a partir do campo teórico da teoria holística.

O organismo humano tem milhares de instrumentos: tem um pulmão para respirar, um coração para bombear o sangue, uma inteligência para ler o mundo, uma memória para se colocar no espaço e no tempo, uma sexualidade para se amar, reproduzir, e também uma ipseidade pela qual ele se reconhece internamente e se lança para fora por meio do contato, posicionando-se no mundo.

Ipseidade é uma função psicossomática, ela junta mente, espírito, corpo como subtodos, como subsistemas do sistema maior que é a personalidade, que é o corpo–pessoa visível que se expressa no mundo cognitivo de maneira emocional e motora.

Smuts, falando da capacidade do organismo de se auto-regular, atualizando a si mesmo depois de uma crise, aproveitando a potencialidade latente do organismo à procura de uma nova inteireza ou totalidade, diz:

> A totalidade quebrada na natureza se organiza, se restaura por si mesma ou é restaurada pelas partes saudáveis. As células das partes que permaneceram se obrigam a uma nova tarefa que é restaurar a parte que falta... A verdadeira natureza das células é funcionar como partes de um todo, e, quando o todo é quebrado, surge automaticamente uma tarefa extra, não habitual a elas, para restaurar a brecha, e seus poderes que dormiam se levantam para agir (Smuts, 1996: 80-81).

Nada poderia definir melhor "contato" que essa afirmação de Smuts: contato como cumplicidade, como atualização de potencialidades, como compromisso. Holismo é contato. Não se pode pensar a noção de holismo a não ser por intermédio da noção de um contato fluido, criativo, compromissado, criador. É preciso desligar-se da idéia de contato apenas entre humanos. Contato é, antes de tudo, um instrumento cósmico de mudanças e transformações. O contato entre humanos é uma pálida cópia daquilo que acontece em nível cósmico.

Também não se pode pensar um conceito gestáltico que não se sustente epistemologicamente a partir do conceito de holismo, o qual se torna possível a partir da dimensão teórica da hipótese científica que lhe dá sustentação.

Holisticamente, ipseidade significa um processo evolutivo por meio do qual o sujeito, contactualmente, ganha e perde, ganha mais que perde, porque imerso no processo evolutivo da totalidade cósmica, segue seu caminho de auto-eco-regulação e de auto-eco-atualização que não pára nunca. A pessoa humana é um ser para o existir à procura de sua essência finalizada.

Vejamos como Smuts define holismo, mas antes definamos seu conceito de evolução, do qual o holismo é o instrumento.

Evolução não é meramente um processo de mudança, de reagrupar o velho em novas formas; ela é criativa, suas novas formas não são meramente reciclagens de antigos materiais; ela cria ambos, novas matérias e novas formas da síntese entre os novos materiais com os velhos materiais (idem: 89).

Ambos, matéria e vida, consistem, no átomo e na célula, de unidades estruturais que, agrupando-se ordenadamente, produzem todos naturais que nós chamamos de corpos ou organismos. Este caráter ou característica da totalidade (*wholeness*) que nós encontramos no caso da matéria e da vida tem uma muito mais geral aplicação e aponta para algo fundamental no universo, fundamental no sentido de que é praticamente universal, de que é um real fator operativo e que sua definida influência é sentida cada vez mais profunda e largamente com o avanço da Evolução (idem: 97-8).

Holismo é o termo cunhado (de *olos* = todo) para designar este fundamental fator operativo com relação ao fazer ou à criação de todos no universo (idem: 98).

Todo organismo, cada planta ou animal, é um todo, com uma certa organização interna e com uma medida de autodireção e uma específica característica individual de si mesmo (ibidem).

Essa conceituação define, a seu modo, o que estou chamando de ipseidade: um todo com uma organização interna caminhando na direção evolutiva da personalidade, tornando-se característica individual e singular da pessoa.

A importância dessa contextualização é o fato de um conceito se tornar operacionalmente viável. Quando dizemos que self e ipseidade são formas de contato, e que ipseidade é uma forma de contato mais complexa que a do self, ou ainda quando fazemos uma analogia, por exemplo, dizendo que self está para alma como ipseidade está para espírito, dado que ipseidade tem um nível de energia mais fino e sutil que self e alma, avançamos muito pouco no sentido do *para que* servem essas distinções na prática.

Meu cliente tem de ser visto como um dado real para minha consciência, e eu e nós estamos procurando saber quem ou como ele é ou está, para só então confirmar a caminhada.

Eu preciso saber qual é e como é sua organização interna, hoje; se ele está fixado ou caminhando, que direção sua vida tem e se ele é o guia de sua vida. Saber isso dele e com ele é mais que saber seu self, é adentrar o seu mistério, é tentar saber, do que estou chamando ipseidade, sua forma teleológica de contato.

> No contexto aqui presente, "todos" são básicos para a característica do universo, e Holismo, como o fator operativo na evolução de todos, é o máximo princípio do universo (Smuts, 1996: 98).

> Holismo é uma específica tendência, com uma especificidade definida, criadora de todas as características do universo, e, portanto, frutífera em resultados e explanações com relação ao inteiro curso do desenvolvimento cósmico (idem: 99).

> Um todo não é um mero sistema mecânico. Ele, de fato, consiste de partes, mas ele é mais que a soma de suas partes, ao passo que um puro sistema mecânico é exatamente isto (idem: 103).

Sintomas têm a ver com partes, processo tem a ver com todo, totalidade. É essa totalidade que nos interessa no processo terapêutico. Quando busca a específica tendência de um cliente, isto é, seu jeito mais íntimo e profundo de ser e estar naquilo que o individualiza e o singulariza de tudo no universo, o psicoterapeuta está procurando nele e com ele seu "todo", sua tendência sintética e criadora dele mesmo. Esse seu todo é o que estou chamando de ipseidade, fruto de sua evolução sintética e criativa no universo, isto é, dos modos como ele foi fazendo contatos e se constituindo como uma individualidade singular.

É importante reconhecer que o todo não é algo adicional às partes: ele *é* as partes em um definitivo estrutural arranjo e com muitas atividades que constituem o todo. A estrutura e as atividades diferem em característica de acordo com o estágio de desenvolvimento do todo, mas o todo é exatamente esta específica estrutura de partes com suas atividades e funções apropriadas (idem: 104).

Todos são dinâmicos, orgânicos, em evolução, criativos (ibidem).

Esta tendência criativa ou princípio nós chamamos holismo. Holismo, em todas as suas formas nunca acabadas, é o princípio que trabalha, no mundo, o material bruto ou unidades de energia não organizadas, ele as utiliza, assimila, organiza e as dota de uma específica estrutura e característica, individualidade, e finalmente dota de personalidade, e cria a beleza e verdade e valor a partir deles (idem: 107).

Da mesma forma que falamos de funções id, ego, personalidade do self, podemos também falar, num nível de maior complexidade contactual, de funções id, ego, personalidade da ipseidade. Há, porém, uma distinção básica: quando falamos self, estamos falando de uma forma de contato restrita, personalizada, aqui e agora, na qual o presente é a figura; e, quando falamos ipseidade, estamos falando de um contato evolutivo, em permanente transformação, cíclico e circular, maior que a quotidianidade de simples encontros, embora estes estejam naturalmente incluídos. Aqui, o fundo é a figura.

180   JORGE PONCIANO RIBEIRO

Minhas formas de contatos que desembocaram na minha ipseidade não começaram comigo; ela é o resultado final e evolutivo de bilhões de formas de contato que o cosmos foi promovendo até chegar a mim, à minha individualidade e singularidade únicas, ao meu jeito de ser, à minha pessoalidade, à minha ipseidade, à minha personalidade.

A citação anterior descreve holística e analogicamente o processo das séries evolutivas da Personalidade, distribuído evolutivamente da seguinte forma:

- *Id:* "...constituído pelas formas não acabadas... material bruto ou unidade de energia não organizadas".
- *Ego:* constituído pela ação que ele utiliza, assimila, organiza e dota de uma específica estrutura, característica e individualidade.
- *Personalidade:* constitui o ápice do processo evolutivo. "Finalmente dota de personalidade, e cria a beleza e verdade e valor a partir deles".

Essas são funções da ipseidade cósmica, cuja complexidade esses processos demonstram no seu ciclo evolutivo. São também macrofases da ipseidade cósmica que, no nível micro, são as mesmas que as minhas para chegar onde estou hoje.

Se o indivíduo repete a natureza e, de algum modo, passei pelas fases evolutivas do id, do ego e da personalidade, também o universo passou, a seu modo, pelas mesmas fases.

Com certeza, podemos valorizar essa tendência que está presente em cada coisa, confundindo-se com ela. Tal tendência nunca chega ao fim, nunca se completa, pois é função dela fazer as coisas evoluir à procura de seu máximo potencial. Ela varia de acordo com a organização mais ou menos primitiva de cada organismo ou estrutura.

Podemos, perfeitamente, localizar o conceito ipseidade dentro desse processo evolutivo de contato, como algo permanentemente inacabado e prosseguindo na sua tendência à auto-eco-regulação, à busca de sua singularidade como indivíduo, como uma coisa, como uma unidade de energia em busca de sua cada vez mais plena organização. Como um todo em um todo maior, a ipseidade é dinâmica, criativa e em constante evolução.

> E mais; na razão em que avançamos no curso da Evolução encontramos que Holismo é a fonte de todos os valores. Amor, Beleza, Bondade, Verdade: eles são todos do Todo; o todo é sua fonte e somente no todo eles encontram sua última satisfatória explicação... (o holismo) é o verdadeiro chão e princípio do mundo ideal do espírito. É na esfera dos valores espirituais que o Holismo encontra, de fato, seu mais claro engajamento, e sua mais decisiva exigência como uma última categoria de explanação (Smuts, 1996: 114).

É dentro dessa dimensão que compreendemos que ipseidade não é apenas uma tendência, mas um tipo de estrutura, um esquema que, de fato, só pode ser preenchido pela experiência atual, tornando-se fator de criatividade e liberdade fundamentado na idéia de que o todo é a causa da evolução, não por meio de uma causa mecânica, linear, mas no sentido de que é uma causa não separada de suas partes, agindo somente por meio de suas sínteses em ação. A totalidade aparece como uma resposta real ao processo de evolução, não se tratando de algo como um estímulo que vem de fora. Somente os todos são criativos; somente a causalidade de todos produz efeitos que são realmente novos (idem: 135).

O ser humano funciona por intermédio de "todos". É o "todo" que cria as partes e são as partes que criam o todo, mas, na realidade, nada é só parte, nada é só todo. Por isso, em vez de dizermos parte e todo, deveríamos dizer parte–todo, para indicar o processo, a relação criadora de realidades, e não a fronteira divisória entre um e outro.

Essas dicotomias dificultam o processo terapêutico. Temos de reaprender a olhar o sintoma como parte–todo, como um todo–parte, não como uma parte no todo. Essa visão holística, eminentemente clínica no sentido de sair do sintoma e ir para o processo, para a totalidade que, apenas quando enfraquecida, permite o aparecimento do sintoma, cria a verdadeira relação terapêutica. Estrutura em realidade e em natureza nasce de estruturas pré-existentes, seja no *domínio do orgânico, seja do inorgânico* (idem: 135).

Toda estrutura nasce de uma estrutura preexistente. Assim, ipseidade, estrutura e processo, passaram pelo ciclo da matéria, da vida, da mente, e estão totalmente presentes na estrutura maior, Personalidade.

A vida tem-se mostrado como uma estrutura, ou quase-estrutura, ou melhor representada pela imagem de estrutura, exatamente como a matéria é (idem: 179).

Um conceito só pode ter existência numa teoria, quando validado por essa mesma teoria. Como numa peça de quebra-cabeça, ele precisa se enquadrar no jogo, formando sentido na totalidade buscada.

Temos afirmado que ipseidade, como parte da vida, é um processo estrutural e estruturante, é um subtodo, algo que tem uma unidade de sentido e se enquadra no grande quebra-cabeça chamado vida, pessoa.

É uma unidade de sentido na concepção de que contém em si todo um processo evolutivo anterior. Ela resgata o único, o individual, o singular que cada ser humano viveu e vive a partir de seu relacionamento no mundo. É um jeito soberano, estático, silencioso às vezes, de estar no mundo, como resultado de um macroprocesso evolutivo.

Como algo livre, em evolução, ipseidade se torna instrumento de criatividade ou criadora de novas realidades no organismo humano. Podemos ainda dizer que, como um campo energético, ela contém o passado, o presente e o futuro como um subtodo organísmico holístico. É um evento, um centro de acontecimentos evolutivos por meio do qual a vida se manifesta no e para o mundo como a expressão dela mesma.

Vale para ipseidade o que Smuts diz para evolução: energia que "escolhe" o que levará, no seu curso evolutivo, para ser integrado, e o que abandonará por não lhe servir na sua caminhada criadora.

O Todo está todo o tempo em cena como um ativo, amigavelmente, árbitro e regulador, e seus favores vão para aquelas variações que são, ao longo do caminho, seu próprio desenvolvimento, eficiência e perfeição (Smuts, 1996: 213).

Na realidade, o "todo" não despreza, não destrói nada, ele simplesmente escolhe, seleciona aquilo que vai ajudá-lo na sua caminhada evolutiva, à procura de sua singular unidade de sentido; e o que ficou de lado se agregará a outro "todo", e assim caminha a evolução. Ipseidade é contato, o tempo todo, um contato criador, e como tal associa a si, definitivamente, o belo, o sadio, deixando de lado o que não lhe permite evoluir, crescer e identificar-se.

Associado à questão da ipseidade está o que Smuts chama de *mind*, a mente no indivíduo e no universo. Mente não só como fonte de evolução, mas como algo que caminha para a evolução do universo, com a perspectiva de chegar à individualidade, ao humano.

Minha real questão é a diferença no tratamento da mente a partir do ponto de vista da psicologia e do holismo respectivamente. Para os psicólogos, mente é um fenômeno distinto e tem que ser estudado assim, por si mesmo. Para o holismo, a mente não é senão uma fase, embora uma fase culminante de seu processo universal. A questão dos limites, tão fundamental para os psicólogos, não existe para nós... Nós temos que traçar as conexões da mente com as primitivas fases da matéria e da vida... Mente é uma expressão de holismo, mente é um órgão de holismo: aquele é o nosso problema (idem: 228).

Essa citação nos permite pensar em um tema há pouco introduzido: a questão da alma e do espírito. Em que se diferenciam? Talvez facilite dizer que Deus é espírito, anjo é espírito, e nós, humanos, somos uma alma–corpo. Alma tem a ver com corporeidade, com carnalidade, é o princípio ativo responsável pelo funcionamento do corpo. O espírito é um princípio ativo presente no corpo, responsável por todas as operações imateriais, transcendentais. O mundo da alma é o mundo da corporeidade, o mundo do espírito é o mundo da transcendência.

No Jardim das Oliveiras, Cristo disse: "Minha alma está triste até a morte".

Assim, a alma é a responsável pelos sentimentos, pelas emoções, pelas operações de memória, vontade, inteligência. O espírito é responsável pelas conexões corpo–universo, pelos fenômenos que transcendem nossa lógica e capacidade de definição e enquadramento. Ele é responsável pelo êxtase, pelo encantamento, pelas visões reais e atentas das pessoas que vêem coisas num contato mais místico. É responsável pela fé, pela esperança e pelo amor heróico que transportam as pessoas para além delas mesmas. O espírito é um princípio ativo, mais velho e evoluído que o princípio ativo alma. O espírito contém a alma e a supera. A alma é função do espírito. Funcionamos, ao mesmo tempo, com os dois princípios, estando a alma ontológica e dinamicamente ligada ao corpo, de cujo funcionamento é a responsável.

O espírito, embora presente também na nossa corporeidade, funciona em momentos especiais, quando dizemos que entramos no mundo da espiritualidade, que tem uma força mais sutil e eficaz que as forças da alma. Alma e espírito não existem separados no corpo humano. Os dois ocupam o mesmo "lugar", como uma representação duo da teoria do campo. Um está onde o outro está e o transcende. Talvez pudesse dizer que onde um termina o outro começa, estando este segundo também presente desde o início onde o outro está e começa.

A alma é um subtodo de um todo maior, o espírito, da mesma forma que self, é um subtodo de um todo maior, ipseidade. Self/ipseidade, alma/espírito, alma/self e espírito/ipseidade são princípios ativos de energia fina, atuando juntos e separadamente, dependendo da extensão do campo de força e da tensão que o corpo–pessoa vive naquele momento.

Talvez possa dizer que self está para corpo como ipseidade está para espírito, sendo corpo e self princípios ativos de menor energia evolutiva que ipseidade e espírito. Ipseidade e espírito são órgãos mentais, subtodo de uma totalidade maior, de uma evolução mais específica, a Personalidade.

Na mente, nós atingimos o mais significante fator no universo, o supremo órgão que controla todas as outras estruturas e mecanismos. A mente não é ainda a mestra, mas é a chave nas mãos do mestre, a Personalidade... A mente é o olho com o qual o universo contempla a si mesmo e se reconhece a si mesmo como divino (Smuts, 1996: 229).

Não se pode, absolutamente, perder essa belíssima perspectiva evolucionária de Smuts. Nada pode ser pensado fora dessa tendência na direção da unidade, que mistura e ordena todos os elementos no sentido de formar novas unidades. Trata-se de uma tendência para a individualização de cada ser no e para o universo, e isso é a essência do processo holístico, que recebe uma carga energética especial quando o processo evolutivo alcança o desenvolvimento humano. É essa individualidade que se torna o todo singular de cada ser humano, dando-lhe características tais que nenhum ser no universo lhe é idêntico. E é nessa distinção que se apóia a relação de cada ser humano com a vida, com o outro e com o próprio mundo do qual ele emana.

Ipseidade é exatamente isso: possibilidade de ser único(a) no universo por meio de uma individuação que obedeceu a um processo seletivo ao longo de milhões de anos.

Essa é a metafísica e real diferença que cria os iguais no reino humano. Não estamos falando, em nenhum momento, de individualismo, de encapsulamento; estamos falando de individualidades que, pelo respeito às diferenças, terminam criando a possibilidade real de que cada um possa sentir-se igual ao outro, nem melhor, nem pior, mas diferente.

Existe em cada ser humano não apenas uma peculiar mistura de caracteres, mas também um senso de ser o único (o exclusivo resultado) desta mistura, um senso de uma separada e específica pessoalidade (*Selfhood*) que constitui seu ou sua verdadeira essência... Este é o princípio fundamental da individualização finalmente consumada no humano. O ser humano é um Self consciente e esta pessoalidade (*Selfhood*) se torna, por sua vez, a base de sua Personalidade, que é a suprema estrutura já alcançada na Evolução (idem: 233).

É importante perceber que Smuts está usando a palavra "self" em um contexto e com significado completamente diferentes de quando se fala que self é contato e contato é self, na visão de Perls, Goodman, Hefferline e Miller. Nenhum processo evolutivo aconteceria sem que tudo no universo estivesse em contato. Só que contato aqui, em Smuts, é algo cósmico, criador, inovador, transformador e responsável pela individualização e individuação de tudo no universo, inclusive o ser humano. Não se trata de algo que é e não é, que aparece e desaparece na razão em que uma necessidade se . .sforma em figura e some quando retorna ao fundo, à espera de uma nova chance.

Self, *Selfhood*, em Smuts, é, ac: .co, o que estou chamando de ipseidade, de pessoalidade, constitutivo essencial da Personalidade.

Nesse caso estamos, na verdade, falando de um substantivo, de algo que sempre e conceitualmente tem existência própria, não apenas por uma questão de linguagem, mas de fato.

Smuts usa o termo "self" à vontade, significando, às vezes, o individual; outras vezes, a Personalidade, outras ainda, a pessoa social.

Psicologicamente a dualidade da mente é melhor expressa na relação Sujeito–Objeto que é fundamental para a Mente. A consciência (*consciousness*), enquanto ela se desenvolve, separa a massa indefinida da experiência em dois aspectos definidos: o Self ou Sujeito, que é consciente e atento e o Objeto que ele atende ou do qual ele está consciente (Smuts, 1996: 238).

Mas totalidade não somente significa uma mais profunda e mais intensa individualidade no Self, mas também uma mais perfeita ordem na estrutura da Realidade (idem: 242).

Essa afirmação se aplica às considerações que fizemos em relação ao princípio ativo self/ipseidade e alma/espírito, no sentido de que ipseidade e espírito são totalidades mais sutis, criando uma individualidade singular maior em relação ao self e à alma, indicando uma ordem mais perfeita na estrutura da realidade.

Smuts chama também, de maneira radical, a atenção para sua noção de self como totalidade social, fruto da evolução de todos singulares e individuais que, juntos, formam um self social em permanente evolução. A mente, nesse contexto, é o órgão do holismo responsável pela criação dessa totalidade social. A mente não é a minha mente, mas a mente do universo, um órgão vivo, coletivo e criador, responsável pela teleologia cósmica. Fica claro e coerente que ipseidade ou pessoalidade é o órgão máximo da Personalidade, seu atributo essencial. Ipseidade é o elemento de síntese de tudo que acontece na relação "corpo–pessoa–mundo". Ela dá sentido ao sujeito no mundo.

A Mente, a organizadora, transforma, reorganiza e reconstitui até o Self individualista. O rebelde, no final, tem que se submeter e jurar fidelidade ao poder controlador. De fato, o Self puramente individual ou meramente individual é um fingimento de abstração. Porque o Self somente atinge a realização e a consciência de si mesmo, não sozinho e numa separação e isolamento individual, mas em sociedade, no meio de outros eus com os quais interage em uma relação social. [...] O Self individual ou Personalidade acontece não nas suas bases individuais, mas em todo o Universo. (Smuts, 1996: 244-5).

O ponto que eu estou querendo deixar claro, contudo, é que a Mente aparentemente individualista é, na realidade, profunda e vitalmente influenciada pela mente universal; e que o Self individual somente chega a se realizar através do Self racional e social que o relaciona organicamente com o resto do universo (idem: 246).

Fica claro que o conceito self, para Smuts, pouco tem a ver com o self de McLeod e de outros que o encaram como algo particularizado, pequeno, fruto das necessidades pessoais de alguém à busca de contato.

Self, para Smuts, é um todo, uma estrutura social que acontece no mundo e é fruto de um processo evolutivo de extrema complexidade e riqueza. Fica claro que a pessoa, o indivíduo,

190 JORGE PONCIANO RIBEIRO

não deveria pensar ele próprio a partir dele mesmo, mas a partir de sua presença criativa, relacional no mundo.

Ipseidade é a unidade interna, o órgão da Mente e da Personalidade que administra, hoje, a imagem da pessoa a partir de seu processo evolutivo no mundo físico, emocional, pessoal, social, transcendental. Fruto de uma totalidade evolutiva, não pode ser pensada como algo individual e individualizante, mas como algo singularmente individual no mundo e em total relação com o mundo.

A Personalidade é, portanto, um novo todo, é o mais alto e completo de todos os todos e é a mais recente conspícua mutação na evolução do Holismo, é uma síntese criativa na qual as mais primitivas séries de material, todos psíquicos ou orgânicos são incorporados com um fresco acesso ou emergência do holismo, e portanto (é) um novo e único todo de uma ordem mais alta do que aquela de que seus predecessores vieram (idem: 263) (grifo nosso).

Este "algo mais" que identificamos como holismo e que temos explicado, não é algo quantitativamente adicional, mas uma relação estrutural de elementos, em si mesmos mais refinados e íntimos (idem: 273).

Holismo é matéria e energia a um estágio; é organismo e vida em outro estágio; é mente e personalidade em seu último estágio (idem: 320).

Personalidade é um mistério, mas, de qualquer modo, nós podemos tentar localizá-la na ordem e evolução do universo (idem: 272).

Pensamentos como esses se conectam de imediato à questão da espiritualidade tão rica e silenciosamente presente na obra de Smuts. Acredito também que o holismo de Smuts é o principal veio a partir do qual a Gestaltterapia pode adentrar o mundo da espiritualidade. Smuts usa com freqüência self e Personalidade, self individual e, às vezes, Self sujeito, escrito com letra maiúscula, como quase sempre faz com Personalidade e Mente. Outras vezes escreve self e mente com letra minúscula, o que nos leva a pensar no substantivo self como algo, de fato, descaracterizado, e Personalidade e Mente como construtos claros e definidos que se mantêm idênticos ao longo de seu trabalho.

Às vezes usa *Selfhood*, que *The Concise Oxford Dictionary* define como "personalidade, existência separada e consciente", e estou traduzindo por ipseidade ou pessoalidade, indicando subjetividade, intersubjetividade, individualidade, singularidade, como o jeito de alguém ser pessoa ou como a expressão específica e exclusiva da sua existência consciente no mundo. Nada pode ser pensado em separado.

Estamos muito longe de pensar "self apenas como contato, como algo processual, pobre e dependente de como alguém faz contato". Na visão de Smuts, self é algo cósmico, social no mais amplo sentido, fruto de uma evolução inteligente e criadora que desemboca na Personalidade; fruto da relação singular e social do próprio processo evolutivo na formação de totalidades.

Ipseidade e pessoalidade, como a própria Personalidade, se expressam por meio do "como existencial", manifestando suas características individuais e individualizantes na expressão de sua natureza, aqui e agora, portanto, sujeitos à temporalidade e à espacialidade, componentes coadjuvantes na construção do universo.

192 JORGE PONCIANO RIBEIRO

A Gestalt-terapia ainda não se experienciou, radical e holisticamente, embora se diga holística, de um holismo prático, sem conseqüências para a prática clínica. *Gestalt é, de maneira radical, a experiência da totalidade de fenômenos que se oferecem à nossa consciência, é uma ontologia da totalidade, sobretudo por intermédio de dois de seus grandes princípios: imanência e interdependência, ponto e movimento circular. Se as pessoas e, de modo particular, nossos clientes vivenciassem essa imanência e essa interdependência de tudo no universo, encontrariam maior sentido para sua luta existencial, sobretudo porque holismo é demonstração de esperança numa realidade sempre em mudanças.* As teorias são instrumentos de trabalho. Não servem apenas para calçar, fundamentar, aqui e ali, alguma posição acadêmica.

Ipseidade é aquilo em que me tornei, é o mais profundo de mim mesmo, uma sensação de unidade interna e de individual singularidade. É um todo num todo maior, corpo–pessoa, onde meu Eu se confunde com minha totalidade. Aqui e agora Eu sou tudo que posso ser, sou um dado de realidade para mim mesmo. Em mim não falta nada daquilo que Eu poderia ter sido. Sou a realidade possível, resultado do encontro de mil "todos" ao longo de uma infinita e circular evolução, que, em ciclos, finalizou em mim uma minúscula parte de algo que começou há bilhões de anos, lá nas estrelas. Isso é contato, isso é holismo, isso é Eu. Gestalt é isso.

Os novos tempos apontam para a espiritualidade como um dos ventos que sopram esperançosos sobre a humanidade cansada de ir buscar fora coisas que nela esperam apenas por sinais.

Hoje temos falado sobre Gestalt e espiritualidade e acredito que os canais que levam a Gestalt até o mundo luminoso da espi-

ritualidade são a ecologia e o holismo. Juntos, ecologia, holismo e espiritualidade formam a base de uma nova dimensão que está invadindo a Gestalt-terapia: a transcendência.

Transcendência e sagrado encontram morada na Gestalt-terapia, como em nenhuma outra abordagem, por meio do conceito de totalidade, de onde emana a espiritualidade como uma dimensão transcendente do humano. Gestalt-terapia tem a ver com a divinização do humano e a humanização do divino, que, como uma polaridade, habita cada um de nós, sendo ora figura, ora fundo, mas o tempo todo figura–fundo do nosso existir aqui e agora.

Mais uma vez, sinto-me como alguém que fez uma imensa e sofrida caminhada e não sabe exatamente se atingiu o ponto de chegada. De novo, não importa. Importa que, nessa trilha, andei por caminhos nunca antes percorridos que me trazem a consciência profunda de que ser gestaltista é estar sempre a caminho.

Fenomenologia e ipseidade

Quero fazer ainda algumas reflexões sobre ipseidade e aprofundar um pouco mais de que modo esse conceito recebe legitimidade da fenomenologia.

É sempre bom lembrar que o comportamento não pode ser deduzido do próprio comportamento, mas que são necessárias variáveis intervenientes entre o comportamento a ser explicado e os fatos observáveis indicativos de sua causa.

Tenho procurado fazer isso ao longo deste texto. Ipseidade não pode se auto-explicar. Olho lá a pessoa humana e tento identificar nela aqueles processos que estou chamando de ipseidade; olho a realidade fora da pessoa em análise e vejo se os dados externos a ela podem ser identificados nela, seja como causa, seja como efeito daquilo que estou chamando ipseidade; vou lá na psicologia da Gestalt, na teoria do campo, na teoria holística e vejo se nessas teorias aquilo que chamei de ipseidade tem suporte, garantia, sentido.

E ao terminar esse processo entendo que fiz uma análise fenomenológica do conceito ipseidade.

Temos falado da grande caminhada evolutiva do universo a partir das séries matéria, vida, Mente e Personalidade, e de como essas totalidades, cada uma ao seu modo e ao seu tempo, num complexo processo criador, foram evoluindo até chegar na pessoa "humana–Paulo–Maria". Nada, porém, explica cabalmente esse processo, essa caminhada, mas acredito que holismo é a força sintética do universo que gerou essas totalidades. Tudo, portanto, no universo, obedece a uma atualização de suas potencialidades, escapando ao mecanismo dualista, determinista e linear da causa e efeito. Circularidade e ciclos na natureza são os instrumentos criadores de tais totalidades, eternamente inacabadas.

Ipseidade, como a consciência, nunca está pronta, porque, dinamicamente relacional, está sempre à procura de uma finalização de potencialidades que, existencialmente, nunca se completarão.

A consciência é o próprio meio comportamental. Desse modo, a consciência de um cachorro a perseguir uma lebre seria uma lebre–correndo–pelo–campo, isto é: a consciência não é algo interior ao animal ou ao homem, mas o próprio âmbito da conduta tal como é percebida por eles. (Garcia-Roza e Lewin, 1974: 46).

Fenomenologicamente, real é tudo aquilo que faz parte do campo da consciência, isto é, pode ser "real", fictício, irreal, ideal. Sob este aspecto, podemos distinguir o fenômeno físico do fenômeno psicológico, dizendo que o primeiro é conhecido só indiretamente, ele não é um "datum", mas um "constructum", e, como tal, deve ser intuído da experiência psicológica (ibidem).

Temos dito que ipseidade é um construto, algo que é intuído e pode ser experienciado por meio do que Kohler chamou de "experiência imediata". Não se pode perceber a própria personalidade, embora se possa perceber e sentir o que estamos chamando de pessoalidade, de ipseidade, por intermédio de processos de nossa subjetividade, constituintes de nossa Personalidade como algo, um dado de consciência para a compreensão do que é a própria totalidade.

É de fundamental importância a fala de Garcia-Roza e Lewin, quando afirma que a função da fenomenologia não é teorizar, mas tornar compreensível o que se quer entender. Na realidade, uma coisa é a fenomenologia como uma ontologia, outra é a fenomenologia como método auxiliar do ver, do observar, do descrever a realidade e interpretá-la, aqui e agora.

Posso colocar ipseidade como um fenômeno psíquico e, como tal, posso atribuir a ela certa propriedade de um objeto, de uma coisa por meio de sua efetividade. É como uma presença intencional, própria dos fenômenos psíquicos, que contém intencionalmente um objeto.

Ipseidade não é algo encontrado ao acaso, uma criação mental a partir de uma pré-suposição, mas uma decorrência da experiência imediata do sujeito diante de uma busca de compreensão da própria realidade. Não estou negando que exista uma intuição das essências, mas afirmando, além dessa intuição, que ela não é separável, ou que a intuição é inseparável dos fatos ou dos fenômenos, pois a consciência nunca é consciência de nada.

O que tentei fazer foi não apenas teorizar, mas descrever, de maneira clara e, penso, sistemática, o que é ipseidade, visando à apreensão de sua estrutura essencial, passando fundamentado da pobreza e talvez ambigüidade do termo "self" para uma realidade fenomenologicamente compreensível e epistemologicamente defensível, ipseidade.

A função da descrição fenomenológica não é a de substituir uma explicação dos processos dinâmico-causais, mas proceder a uma descrição pré-teórica, visando a superação dos preconceitos decorrentes de uma abordagem metafísica dos fenômenos psicológicos (Garcia-Roza e Lewin, 1974: 48).

Substantivo ou pronome, não importa. Self, como vem sendo explicado pelos teóricos gestaltistas, não se sustenta nem como um, nem como outro. Trata-se de um termo vago, como disse antes, desconhecido do *Dicionário de filosofia* de Abbagnano, do *Dicionário de psicologia* de Dorsch e do *Dicionário técnico de psicologia* de Cabral et al.

Faltava ao self uma fundamentação que explicitasse sua existência do ponto de vista descritivo. Self tem sido como uma pessoa malfalada: todo mundo fala dela, mas ninguém prova nada. Desconhecido do *Dicionário de filosofia* de Abbagnano e do *Dicionário de psicologia* de Dorsch, não lhe restava senão viver na clandestinidade teórica, colhendo aqui e ali lampejos de teoria do contato, empobrecida por restringir a idéia do self muito ao contato humano, aqui e agora.

À idéia de self, explicitado de mil modos, o que o descaracteriza, embora agora mais dentro de um enquadre teórico pertinente, sucede um termo sólido, "ipseidade", de origem latina e oficialmente consagrado pelo Dicionário como um substantivo, que não destrói a idéia de self, mas a resgata e supera.

Tenho certeza de que, a essa altura, paira na cabeça de meus leitores a seguinte pergunta: como fica a estrutura do ciclo do contato? O que fica no centro: self ou ipseidade?

Como disse em meu livro *Ciclo do contato* e tenho dito ao longo deste texto, com pequenas embora importantes modificações, o ciclo continua o mesmo quanto à sua estrutura formal, e com explicação complementar e mais atualizada, como falamos anteriormente.

Estamos falando de dois tipos de contato: do self que privilegia mais a relação de contato pessoa–pessoa, aqui e agora, e da ipseidade, que privilegia mais a relação de contato cósmico, na qual a relação "self–contato–pessoa–pessoa" se inclui, acrescida de uma visão social do self, no mundo.

Seguindo a lógica de minha exposição, apresento dois modelos complementares ao ciclo do contato, por acreditar que ele foi cronologicamente, é óbvio, antecedido por esses modelos mais primitivos.

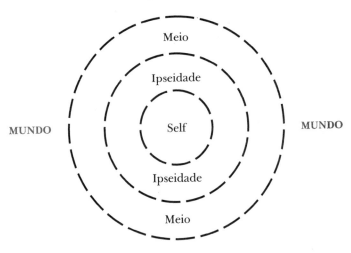

Este modelo parcial contempla o princípio "figura–fundo", que pode se expressar tanto pelo princípio da dupla representação, isto é, a "área" do self que coincide com uma parte da área de ipseidade, quanto princípio da formação duo, no qual self é visto "dentro" de ipseidade e ambos no seu "meio" causal próprio.

Colocando dessa forma, com base na psicologia da Gestalt, fica claro que self não é destruído, apenas redimensionado, adequando-se totalmente ao atual modelo do *Ciclo do contato* (Summus, 1985). Epistemologicamente, essa estrutura processual é perfeitamente defensável.

O segundo modelo corresponde mais a uma descrição fenomenológica que pautou meu raciocínio ao longo desta exposição. Metodologicamente, o modelo explicita uma ideologia existencial, mostrando de que lado o discurso holístico-gestáltico da evolução se assenta.

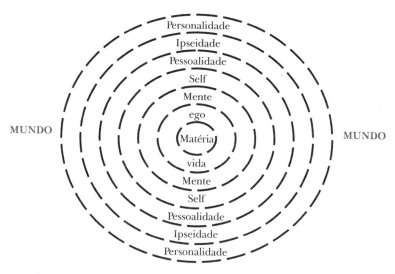

Séries evolutivas de "todos", gênese da totalidade humana, a pessoa.

Minha opção teórica e metodológica por esses modelos expressa gestalticamente o que estamos entendendo por contato, na forma de self e de ipseidade, num vasto sentido de, inclusive, abrir perspectivas para um processo terapêutico social, isto é, sempre voltado para o mundo, de onde nascem os problemas e também as soluções. A terapêutica gestáltica precisa juntar psicoterapia e socioterapia, a fim de responder adequadamente ao convite teórico dos modelos que dão sustentação ao seu trabalho clínico.

A psicologia da Gestalt, a teoria do campo e a teoria holística dão sólida sustentação ao construto ipseidade, permitindo sua leitura de modo idêntico, sem metáfora ou questões de linguagem. Ampla e largamente defendida ao longo do texto, ipseidade se apresenta como "o si mesmo último" da Personalidade, sua coluna vertebral, dando ao sujeito a clara sensação de que ele é alguma coisa que pode ser conhecida e definida. Ipseidade torna o sujeito, ontológica e cronologicamente, uma pessoa.

Minha mente começa, a esta altura, a esvaziar-se e, como um viandante diante da Esfinge, sabe que, por mais que a contemple, restarão ainda séculos de contemplação, mas ao mesmo tempo sabe que teve acesso ao seu mistério. Estou pensando numa maior explicitação de relações entre ipseidade, consciência e contato, embora essa relação tenha sido amplamente colocada.

De novo, vem-me a questão da circularidade universal, que é a forma por intermédio da qual o cosmos, ao retornar ao seu ponto de partida, agora carregado de todas as experiências vividas ao longo desta caminhada, vai tomando contato com todas as suas possibilidades e, ao mesmo tempo, por uma profunda consciência de seu processo figura–fundo, escolhe aquilo que presidirá o curso da sua evolução.

Pensando fenomenologicamente a questão da redução, e tentando ver esse conceito como um instrumento do e no processo evolutivo da Matéria até Personalidade, acredito que poderia fazer a seguinte reflexão:

Penso, distinguindo e aprofundando o contato evolutivo de que temos falado, que pessoa seria fruto do que chamaríamos,

analogicamente, uma redução histórica no processo cósmico evo-
lutivo, um dado bruto, universal, igual, a princípio, para todo
mundo, um ponto primeiro de chegada; que Personalidade seria
a essência, uma chegada mais evoluída, caracterizando já a es-
sência de todo humano, fruto de uma redução eidética; que pes-
soalidade seria fruto de uma redução transcendental, o único, o
individual, o inconfundível, o intransferível de cada Personali-
dade, o transcendente.

Também aqui podemos proceder por indução ou por
dedução, pois o universo induz e deduz o tempo todo
como forma dinâmica de imanência e de interdependência, portanto, de circularidade.

Continuo pensando que a Personalidade é o último
rebento da evolução e nela "id, ego, personalidade", ou
"isso, eu, supereu", formam a caminhada evolutiva da
pessoalidade, como fases do processo evolutivo de se tornar gente, de se tornar pessoa.

Mas também penso que, da mesma forma que partículas
que há bilhões de anos estiveram nas estrelas e hoje estão em
mim como fruto do processo evolutivo, daqui a milhões de anos
partículas hoje minhas poderão ter retornado às estrelas, for-
mando essa divina circularidade, fruto criador da renovação
cósmica.

Como também é verdade que as águas que hoje passam pelas margens de um rio evaporam, viram nuvens e
voltam a correr no mesmo leito do rio, só que agora enri-
quecidas de substâncias das quais as nuvens se carrega-
ram para devolvê-las à terra.

Tudo que eu escrevi chama-se contato, self e ipseidade, Gestalt. Este texto, formado de centenas de pequenos
"todos" que foram se juntando um ao outro, até, espero,
ter feito um sentido único, direcionado, chamado ipsei-

dade, registra nele e em nós o "entre" a mente do autor, a realidade externa e a verdade objetiva como tal.

Está claro?, pergunto. Não sei. Desejaria muito que sim, mas, para dizer a verdade, não importa. Importa a lógica interna vivida por mim perante minha contemplação da realidade e passada para estas páginas.

Um último recado: o universo é regido por cinco grandes princípios, que são, ao mesmo tempo, as macroformas de contato vividas pelo cosmos: 1. imanência: *tudo é e está, tudo finca raízes e expande sua copa; é o atributo à presença; 2.* impermanência: *tudo muda, nada é, tudo está; seres de relação, somos novos a cada nascer de um novo dia; é o atributo à mudança; 3.* interdependência: *nada é sozinho, tudo é grupal, social, nada é ilha, tudo depende de tudo e influencia tudo; é o atributo ao relacionamento; 4.* transparência: *a verdade existe; embora possa não ter acesso a ela, tudo se auto-revela, se auto-exibe, pede para ser visto por dentro; tudo, no universo, dança a dança dos sete véus até a nudez total; é o atributo à luz; 5.* transcendência: *o que vemos é um nada diante da majestade do universo; tudo é infinitamente maior que aquilo que parece ser; tudo, no cosmos, transcende, vai além de si mesmo; é o atributo ao mistério.*

Self e ipseidade são regidos por esses cinco princípios, estando imanência e interdependência mais ligadas a self; impermanência mais ligada a self e ipseidade; imanência e interdependência, mais ligadas a processos que afetam a alma; e transparência e transcendência, mais ligadas a processos que afetam o espírito, que nos humanizam e divinizam ao mesmo tempo.

Somos todos regidos por esses cinco princípios, e cada um deles constitui um ciclo em nossa vida: somos por meio da *imanência*, é a nossa infância cósmica, quando tentamos, como na fase inicial do universo, lançar nossas raízes e crescer, e essa é a *fase experimental* nossa e do universo; estamos, nos interessamos, nos relacionamos por meio da *interdependência*, é a nossa adolescência cósmica, fase em que, como o universo, procuramos nos organizar depois do nosso grande *boom*, e essa é a *fase experiencial* nossa e do universo; nos conhecemos mediante a busca permanente da verdade, é nosso estado cósmico adulto, que, como o universo, vive hoje uma aparente tranqüilidade, e essa é a *fase existencial* nossa e do universo e nossa *transparência* junta o sagrado e o espiritual. Quando nossas potencialidades encontram sua plenitude, entendemos que tudo no universo é uma coisa só, cessa a privação, e essa é a *fase da abundância*; vivemos nossa *transcendência* por meio da vivência e da experiência de valores, de crenças e virtudes, é nossa cósmica terceira idade, que apenas olha o amanhã e se entrega a ele, sabendo que o amanhã é mais sábio que o hoje, e essa é a *fase transcendental* nossa e do universo. E tudo isso se transforma num imenso estado de graça, no qual tudo "perde" sentido e, num supremo ato de liberdade, entendemos o que é *impermanência*.

Essa divina circularidade é a essência do processo evolutivo, o supremo contato, a grande Gestalt a partir da qual tudo retorna, nada é só linear, ao contrário, tudo é circular. Círculo e ciclo é o jeito de o universo fazer contato, crescer, transformar-se, evoluir, e nada escapa a essa circularidade, sobretudo NÓS.

Bibliografia

FORGHIERI, Y. C. *Psicologia fenomenológica: fundamentos, métodos e pesquisas.* São Paulo: Pioneira, 1993.

GARCIA-ROZA, L. A.; LEWIN, K. *Psicologia estrutural em Kurt Lewin.* Petrópolis: Vozes, 1974.

KOFFKA, K. *Princípios de psicologia da Gestalt.* São Paulo: Cultrix, Edusp, 1975.

LEWIN, K. *Teoria de campo em ciência social.* São Paulo: Edusp, Comissão Editorial, 1965 (1ª ed. 1951).

_____. *Princípios de psicologia topológica.* São Paulo: Cultrix, Unesp, 1973 (1ª ed. 1936).

_____. *Teoria dinâmica da personalidade.* São Paulo: Cultrix, Edusp, 1975.

McLEOD, L. O self na teoria da Gestalt-terapia. *British Gestalt Journal,* n. 2, p. 25-40, 1993.

PERLS, F.; HEFFERLINE, R. F.; GOODMAN, P. *Gestalt-terapia.* São Paulo: Summus, 1997 (1ª ed. 1951).

PETRELLI, R. *Fenomenologia: teoria, método e prática.* Goiânia: Editora da UCG, 2001.

_____. *Cadernos didáticos: para uma psicoterapia em perspectiva fenomênico-existencial.* Goiânia: Editora da UCG, 1999.

PHILIPPI, M. M. [Co-construindo pontes entre a Gestalt-terapia e as terapias sistêmicas construtivistas construcionistas sociais: subjetividade e intersubjetividade em questão.] Brasília, 2004. Dissertação (Mestrado) – Universidade de Brasília, 237 p.

RIBEIRO, J. P. *Gestalt-terapia: refazendo um caminho.* São Paulo: Summus, 1985.

_____. *O ciclo do contato.* São Paulo: Summus, 1997.

ROSENBERG, J. L. et al. *Body, self, soul & sustaining integration.* Atlanta: Humanics Ltd., 1991.

SCHIFFMAN, M. *Gestalt self therapy and further techniques for personal growth.* Oakland: Wingbow Press, 1980.

SMUTS, J. C. *Holism and evolution*. Highland: The Gestalt Journal Press, 1996.

SPANGENBERG, A. *Gestalt, mitos y trascendencia*. Montevidéu: Arena Ediciones, 1999.

YONTEF, Gary M. Assimilating Diagnostic and Psychoanalitc Perspectives into Gestalt Therapy: Keynote Address. In: Gestalt Conference, maio de 1987. *The Gestalt Journal*, n. 1, p. 5-32, 1988.

JORGE PONCIANO RIBEIRO graduou-se em Filosofia e Teologia. É mestre e doutor em Psicologia pela Universidade Pontifícia Salesiana de Roma. Tem formação em Psicanálise e formação didática em Psicologia Analítica de grupo e em Gestalt-terapia. Fez dois pós-doutorados na Inglaterra e foi pesquisador e supervisor no Metanoia Psychotherapeutic Institute de Londres.

Com quarenta anos de magistério superior, foi professor de Metafísica e História da Filosofia na Unimontes (MG) e é professor titular e pesquisador sênior do Instituto de Psicologia da Universidade de Brasília. É também fundador e presidente do Instituto de Gestalt-terapia de Brasília e *charter member* da International Gestalt Therapy Association.

Ponciano escreveu vários livros, entre os quais *Gestalt-terapia: refazendo um caminho*, *Gestalt-terapia: o processo grupal*; *Gestal-terapia de curta duração* e *O ciclo do contato*, publicados pela Summus Editorial.

IMPRESSO NA
sumago gráfica editorial ltda
rua itauna, 789   vila maria
02111-031   são paulo   sp
telefax 11 **6955 5636**
sumago@terra.com.br